180°C
des recettes et des hommes

N°25
automne 2021

Édito

PAR
PHILIPPE
TOINARD
Rédacteur en chef

DIALOGUE DE SOURDS. Dans ce 25e numérc d'aborder l'élevage et la consomma délicats, sensibles qui divisent la so‹ En témoignent ces invectives sur les plateaux de télévision entre les professionnels de la filière viande et les véganes dont les échanges sont de plus en plus violents ou ces commandos antispécistes qui attaquent, dégradent et vandalisent des boucheries. Et même si les faits remontent majoritairement à 2018 et 2019 et que les esprits semblent aujourd'hui quelque peu apaisés, le mal est fait entre deux mondes que tout oppose et qui semblent irréconciliables.

—

Autre exemple parmi tant d'autres, cette fois, dans la baie du Mont-Saint-Michel. D'un côté, un éleveur d'agneaux de prés-salés dont le travail est salué par les grands chefs de cuisine de la région et, de l'autre, une association d'étude et de protection de la nature. Le premier s'est installé en 2001 dans ce paysage inscrit au patrimoine mondial de l'Unesco depuis 1979 et a édifié, huit ans plus tard, dans l'illégalité, une bergerie dans une zone protégée contrevenant ainsi au plan d'occupation des sols et à la loi du littoral. En face, une association de protection de l'environnement s'empare du dossier et décide de faire barrage, notamment en 2011, alors que la situation du berger semblait plus ou moins régularisée. Depuis, de tribunal en tribunal, les deux parties n'ont jamais pu s'entendre et en 2017, le tribunal de Coutances a condamné le berger à détruire cette construction. Ce qu'il n'a pas fait. L'association a donc saisi le juge d'exécution et le berger avait jusqu'au 19 avril 2021 pour démolir sous peine de payer 150 euros d'astreinte par jour.

—

Loin de nous l'idée de prendre parti pour le berger ou pour l'association, tant les conclusions des tribunaux sont longues et complexes, mais nous pouvons constater que le fossé se creuse entre le monde paysan, accusé de tous les maux, et une société à travers laquelle associations, riverains, touristes tentent d'imposer un dogme environnementaliste et écologiste qui ne prend que très rarement en compte la réalité du terrain ou le quotidien de l'agriculteur. Le pastoralisme, les traditions, le savoir-faire, l'histoire et tutti quanti… ne sont rien pour ces militants qui assènent comme simple réponse des textes de loi.

—

La loi est faite pour être respectée, c'est un fait, mais elle pourrait aussi être contournée si, dans notre société, le mot bienveillance prenait tout son sens et si le dialogue était privilégié. Il est invraisemblable en 2021 qu'une boucherie soit aspergée de faux sang, qu'un touriste porte plainte contre le chant du coq d'un agriculteur ou que des riverains se plaignent parce qu'un arboriculteur tente de sauver son gagne-pain en protégeant ses cultures du gel avec des feux allumés seulement pendant une nuit. Une nuit ! À l'échelle d'une vie !

—

Foutons-nous la paix, misons sur le bien-vivre ensemble. Vignerons, éleveurs, agriculteurs, bouchers, producteurs, maraîchers… ont besoin de nous comme nous avons besoin d'eux.

180°C
des recettes et des hommes

N°25
automne 2021

au menu

page 6

Homme de goût

page 72

Le marché

Super production

Home made

Raisin et sentiments

Comité éditorial

Directeur de la rédaction et de la publication

Éric Fénot

Rédacteur en chef

Philippe Toinard

Rédactrice et styliste culinaire

Delphine Brunet

Directeur artistique

Fabrice Bloch

Contributeurs

TEXTES

Bruno Fuligni

Écrivain, historien, maître de conférence à Sciences Po, il est l'auteur d'une trentaine d'ouvrages dont *La Fille de Napoléon - Une nouvelle énigme de l'histoire* publié en 2021 aux éditions Les Arènes.

Stéphane Reynaud

Cuisinier, Stéphane Reynaud est aussi l'auteur de nombreux ouvrages de cuisine chez Marabout, *Cochon et fils, Ripailles, 365 Bonnes Raisons de passer à table, Un couteau, une poêle : bon appétit* et bien d'autres encore. Son bistrot parisien, *Oui mon général*, a été élu Bistrot de l'année 2021 par le *Guide Lebey*.

Paule Masson

Journaliste et auteure, Paule est spécialisée dans l'alimentation durable. Après plusieurs années à l'*Humanité*, elle a pris son indépendance pour se consacrer pleinement à ces enjeux. Elle a co-écrit en 2020 avec la cheffe Nadia Sammut, *Construire un monde au goût meilleur*, chez Actes Sud.

Géraldine Meignan

Ex-grand reporter à *L'Expansion* et à *L'Express*, Géraldine a notamment investigué les filières de l'agroalimentaire (*Les Réseaux de la malbouffe*, JC Lattès, 2015). Elle a publié, en 2019, *La Cuisine d'un monde qui change*, aux Éditions de l'Épure.

Pierrick Jégu

Journaliste qui aime le vin de partout, pourvu qu'il soit fait avec du raisin, Pierrick collabore avec *Saveurs* ou *La Revue du Vin de France*. Auteur du livre *Aribert*, paru chez Laymon, de *Breizh*, du chef Thierry Breton aux éditions de La Martinière, il a écrit en 2018 *Le Traité de Jajalogie* édité par Thermostat 6.

Valérie Bouvart

Journaliste pendant plus de 15 ans au *Point*, puis à *Régal*, Valérie a mis les mains à la pâte et passé un CAP cuisine. Elle travaille aujourd'hui pour *Avantages*, *La Revue culinaire*, *Cuisine actuelle*... et pour *180°C*.

Portraits des contributeurs par Bénédicte Govaert.

PHOTOGRAPHIES

Vincent Baldensperger

Installé à Toulouse, Vincent est passionné par le reportage, le documentaire et le portrait, il possède une sensibilité accrue pour le travail de l'homme, les rencontres uniques entre le savoir-faire et la matière. Il partage également auprès du Kage Collective d'enrichissants échanges artistiques et internationaux.

Guillaume Czerw

Spécialisé en photographie culinaire, Guillaume collabore à *180°C* depuis son lancement. Il partage son temps entre travail en studio et reportages et collabore à la réalisation de nombreux livres de chefs et artisans. Il travaille également pour la presse.

Anne-Claire Héraud

Photoreporter culinaire engagée, Anne-Claire s'immisce dans le quotidien des protagonistes d'une alimentation durable pour en tirer leur portrait avec justesse et authenticité. Elle travaille essentiellement pour la presse et l'édition.

REMERCIEMENTS

Shopping couverture et page 130

Vaisselle vintage
www.vaissellevintage.com

ET

Bottes en ville
www.bottesenville.com

POUR LEUR COLLABORATION AU MARCHÉ de 180°C

INFOGRAPHIE

Bénédicte Govaert

Diplômée d'Olivier-de-Serres, Bénédicte est graphiste et illustratrice free-lance depuis 2012, après une quinzaine d'années passées en agence de communication. Elle ne se sépare jamais de son carnet de croquis : que ce soit à Paris ou à travers le monde, elle dessine visages, paysages ou scènes de rue.

ILLUSTRATIONS

Josep Serra

Illustrateur, Josep Serra préfère être considéré comme communicant graphiste. Basé en Espagne, il travaille pour différents magazines et participe à des campagnes publicitaires. Son point fort, l'illustration numérique, lui permet de conceptualiser des images plus rapidement.

180°C
des recettes et des hommes

#25 - octobre-novembre-décembre 2021

Édité par Thermostat 6
S.A.S. au capital de 5 000 euros
Siège social :
8, rue des Goncourt, 75011 Paris
www.180c.fr
facebook.com/180C.LaRevue
twitter : @180C_LaRevue
instagram : @180c_larevue

Directeur de la rédaction et de la publication
Éric Fénot
eric@180c.fr

Rédacteur en chef
Philippe Toinard
philippe@180c.fr

Directeur artistique
Fabrice Bloch
fabrice@180c.fr

Rédactrice et styliste culinaire
Delphine Brunet
delphine@180c.fr

Conseiller culinaire
Éric Trochon MOF 2011
eric.t@180c.fr

Secrétaires de rédaction
Valérie Bouvart & Marie-Laure Bayle

Conseils et expertise retouches
www.dmbm.fr

Imprimé et relié en Belgique par :
Graphius

Diffusion CDE
26, rue de Condé, 75006 Paris

Responsable communication
Olivier Pascuito
Tél. : 06 67 35 96 90
olivier@180c.fr

Fondateurs associés
É. Fénot, D. Brunet, F. Bloch,
B. Gratton, E. Brunet, V. Rivalle,
É. Trochon

Associés à ce projet collectif
Ch. Chausson, B. Jeanbart, P. Aisenberg,
E. Laveran, S. Ract Madoux, F-X. Couval,
P. Hannedouche, O. Pascuito

ISBN : 979-10-92254-79-2 ISSN : 2268-1892
CPPAP : 0119k93558
Parution : 4 numéros par an
Dépôt légal : octobre 2021

Homme de goût

Loïc VILLEMIN

Contemplatif actif

Donnez-lui des arêtes, des viscères et des têtes de poisson, Loïc Villemin vous en fera un garum. Confiez-lui des épluchures de légumes, il les transformera en un arôme de café. Apportez-lui des pleurotes, une sauce soja verra le jour. Loïc Villemin est un traqueur de déchets qu'il met au service d'une gastronomie étoilée abordable et compréhensible.

TEXTE
PHILIPPE TOINARD
PHOTOGRAPHIES
ÉRIC FÉNOT

PAGE DE GAUCHE

Si une grande partie des conserves maison (pickles, kombucha, hydromel...) est au sous-sol du restaurant, Loïc et Camille en ont également fait un élément de décoration dans la salle du restaurant.

« **MON IDENTITÉ CULINAIRE,** je ne l'ai pas forgée chez les chefs qui m'ont formé ou dans des fiches techniques, c'est chez mes grands-parents qu'elle est née. » À Freyming-Merlebach, à deux pas de Forbach. Loïc Villemin se souvient de ces nombreuses journées passées avec son frère Sacha, chez Aloys et Maria, originaires de Slovénie. De leur maison de mineur avec jardin, Loïc garde en mémoire le parfum et les saveurs du poulet rôti avec du pain sec aux herbes que sa grand-mère glissait sous la peau, des foies sautés servis avec une salade, du navet salé, du chou fermenté et de la sauce tomate. Bien plus tard, il dira de la cuisine de Maria, que c'était de « la sophistication simple » et c'est dans cet esprit qu'il a voulu les plats qu'il sert chez *Toya*. C'est aussi un peu grâce à Maria qu'il réalise, au sous-sol de son restaurant, des fermentations, même si celui qui lui a tout appris est Sang Hoon Degeimbre, chef du restaurant *L'Air du temps*, en Belgique. Dans cette pièce éclairée aux néons, des dizaines de bocaux – « qui enferment les saveurs d'une saison » – de vinaigre de géranium, de sureau, de graines de coriandre, de romarin, de roses du jardin. Sur l'étagère suivante, du miso* de courgettes, de pois chiches, de cocos de Paimpol. Plus loin, de l'hydromel de topinambour, du garum* de pigeon, des pickles de fleur d'ail des ours puis du kombucha* et, enfin, un umeboshi* de prunes à 3 % de sel : « Tout ceci est le fruit des cueillettes réalisées avec Camille (sa compagne et directrice de salle) et toutes ces créations ont une place dans chacune de mes assiettes en tant que condiment », précise le chef dont la cote de popularité a flambé depuis l'étoile Michelin reçue en 2012.

Histoire de famille

Faulquemont, 5 000 habitants environ, une poignée de restaurants, un marché le jeudi matin, un parc industriel abritant des entreprises de plasturgie, de fabrication de chaudières et de panneaux solaires et, à moins de 2 kilomètres, un golf de 18 trous et un complexe hôtelier de 44 chambres avec vue sur le parcours et une nature luxuriante.

PAGE DE GAUCHE

Lumineuse, ouverte sur la nature, la salle du restaurant a été rénovée par Sacha, le frère de Loïc, en utilisant un maximum de matières neutres en carbone ou écologiquement responsables.

C'est ici que Jean-Guy et Lydia, les parents de Loïc arrivent en 2009, après quelques années passées dans le centre-ville de Faulquemont à proposer des pizzas. L'imposant hôtel, un ancien *Holiday Inn*, devient *Hostellerie du Chambellan* et une première table voit le jour, *La Mezzanine*, où pâtes, pizzas et grillades satisfont golfeurs, résidents de l'hôtel et gourmands de passage. Dans ce complexe et après rénovation, il reste une belle salle lumineuse que les parents de Loïc aimeraient qu'il investisse pour créer son restaurant. À cette époque, Loïc, 23 ans, a envie de rejoindre le Japon après un brillant parcours chez Jean-Georges Klein, à l'*Arnsbourg*, en Moselle (3 étoiles Michelin), chez Nicolas Le Bec, à Lyon, puis au *Relais Bernard Loiseau*, à Saulieu, chez Arnaud Lallement à l'*Assiette Champenoise*, à Tinqueux, dans la Marne (3 étoiles Michelin) et enfin chez Laurent Peugeot au *Charlemagne*, à Pernand-Vergelesses : « Je ne me sentais pas prêt à me jeter dans le grand bain, j'étais jeune, je voulais encore parfaire ma formation et, en même temps, c'était une formidable opportunité d'avoir les parents à mes côtés pour m'épauler. » En juillet 2010, il ouvre *Toya* en référence au lac situé sur l'île Hokkaïdo, au Japon, et clin d'œil à la ville de Toya où Michel Bras avait ouvert son restaurant et confié les cuisines à Alexandre Bourdas, aujourd'hui installé à Honfleur. Loïc se donne trois ans avant de réfléchir à la suite de son parcours en débutant à deux, une personne en salle et, lui, en cuisine. Onze ans plus tard, il est toujours là et partage sa cuisine avec l'équipe de *La Mezzanine*. L'étoile Michelin, deux ans après l'ouverture, il ne l'a pas vue venir : « À l'époque, je faisais une cuisine classique, accessible à tous comme du sandre au vin rouge, du turbot au chou-fleur et radis blanc, du chevreuil avec du céleri-rave, du fondant au chocolat avec sa glace vanille ou des mandarines glacées. J'ai grandi avec cette récompense, mes plats ont gagné en maturité jusqu'à ce virage de 2017 où j'ai décidé de rénover le restaurant avec la complicité de mon frère, Sacha, architecte, qui a beaucoup utilisé de matériaux recyclables comme les rouleaux d'imprimerie qui servent pour l'isolation phonique et de me recentrer sur mon terroir de naissance pour être en phase avec ma fibre écologique qui prenait corps. »

Développer un cercle de producteurs

Natif de Moselle, mais longtemps éloigné de son département pour parfaire sa formation, Loïc admet mal connaître les productions locales quand il revient au pays. Sans vouloir copier Alexandre Bourdas, à Toya, qui a dû se construire un réseau de producteurs dans un périmètre restreint, Loïc estime, un septennat après son installation, qu'il est temps de changer de braquet. Il se prend à rêver de circuits courts, de pêche durable, de réduction des déchets, de valorisation de l'agriculture biologique et d'obtention du label Écotable qui récompense, après audit et selon un certain nombre de critères, les tables qui mènent des actions en faveur d'une gastronomie durable.

Il stoppe le chocolat, n'achète plus de poissons de mer, réduit drastiquement les boissons industrielles, s'emporte contre les producteurs de cress en culture intensive qu'il a rencontrés : « Effet de mode porté par des confrères, ça fait joli dans l'assiette, mais c'est une aberration écologique. » Il traque le plastique, conserve ce qu'il peut dans des bocaux et se tourne vers les producteurs locaux auxquels il décide de ne rien imposer : « Je me contente de ce que chacun a à me proposer. Je me plie à l'homme ou la femme qui produit, aux aléas climatiques. Je n'ai pas le droit d'imposer quoi que ce soit. À moi de me débrouiller avec ce que la nature m'offre en fonction des semaines parce qu'il y a des cycles à respecter. »
Camille et Loïc prennent leur bâton de pèlerin et battent la campagne pour agrandir leur réseau de producteurs. Ils se prénomment Arnaud, Philippe, Dominique, John, Darlène, Pascal, Aurélien, Thierry, Étienne, François, Guillaume et fournissent des carpes,

CI-CONTRE

Loïc en compagnie du vigneron nature, Stéphane Cyran dans une de ses parcelles très en pente sur une terre argileuse.

des truites, des ombles, des légumes, des confitures, des herbes, des œufs, des volailles, des fromages, des pigeons, des lentilles, des huiles ou des céréales. De ces produits naissent trois menus (Plaisir, Histoire et Nature) qui rendent hommage à ce patrimoine mosellan.

Chef émerveillé

Avec ses grands yeux ronds et bleus, Loïc a un regard perçant qui trahit en même temps un émerveillement. Mettez-le au milieu d'un champ de tomates, d'une vigne, d'un verger ou sur les bords d'un étang, il aura toujours cet enthousiasme de petit garçon qui s'interroge sur tout. Les questionnements qu'il peut avoir sur tel mode de production, ce sont ses yeux qui les posent. Ce n'est d'ailleurs pas la première fois qu'il vient arpenter les vignes de Stéphane Cyran et, pourtant, on a le sentiment qu'il les découvre. Loïc aime ses producteurs, ça se sent, ça se voit, ça s'entend et ils le lui rendent bien parce qu'un jour ils ont lu ce que Loïc disait d'eux : « Ils nous rendent service avec leurs produits, que puis-je leur apporter en retour ? » Du temps pour les valoriser, ce qui est déjà une belle récompense, et l'élégance de savoir s'effacer pour leur laisser la parole. Stéphane Cyran la prend au vol pour expliquer la vigne de Lorraine. Il y a deux siècles, elle s'étalait sur 34 000 hectares. En 1929, elle ne couvrait plus que 4 000 hectares puis 659 en 1984. Aujourd'hui, seulement 250 hectares dont les deux tiers en bio sont répartis sur 3 appellations, l'AOC côtes-de-toul, l'AOC moselle et l'IGP côtes-de-meuse. Stéphane Cyran, ancien salarié du conseil général de Moselle en charge du développement touristique et la valorisation des talents est un reconverti – même s'il n'aime pas ce mot et préfère l'expression nouvelle vie. Il travaille depuis 2016 sur 3 hectares morcelés, 60 ares de gamay et 10 rangs de pinot noir à Bulligny, 80 ares de pinot noir et 27 ares de gamay à Domgermain et, ici ou là, à Charmes-la-côte ou à Mont-le-vignoble, de l'auxerrois, du pinot meunier et de l'aubin blanc, un cépage endémique à la Lorraine. Dans la

Pascal Garbe (CI-CONTRE), *directeur des Jardins fruitiers de Laquenexy, derrière un crittenden, un pommier d'ornement aux petits fruits rouges qui contrastent avec les minuscules pommes jaunes du golden hornet* (CI-DESSOUS) *comestibles malgré leur amertume.*

cuisine de Stéphane, autour d'un fromage de tête et moult charcuteries régionales, Loïc déguste les cuvées nature et interroge Camille du regard pour s'assurer qu'ils sont sur la même longueur d'onde : « C'est exactement ce type de producteur, de production que l'on veut mettre en avant. La vigne et les vignerons lorrains ne courbent plus l'échine, ils se redressent et nous sommes là pour faire déguster leur travail parce qu'ils peuvent être fiers de ce qu'ils font. » Aux Jardins fruitiers de Laquenexy, même émerveillement de Loïc face au directeur et auteur de nombreux ouvrages, Pascal Garbe, qui partage ses connaissances sur le végétal avec des chefs comme Michel Bras, Olivier Roellinger, Alexandre Gauthier ou Anne-Sophie Pic. Dans ce jardin, ouvert au public, créé en 1904 autour de la culture de la vigne avant d'être réorienté vers l'arboriculture fruitière après la Seconde Guerre mondiale,

arboricole et horticole. » De savoir-faire, il en est aussi question à l'étang du Bischwald à cheval sur les communes de Béring-Vintrange, Bistroff, Harprich et Viller. Un étang qui ne se remplit que par la pluie, vraisemblablement créé il y a plus de sept cents ans. 160 hectares, 2 mètres de profondeur et des dizaines de poissons – gardon, brochet, carpe, sandre, perche, tanche – surveillés de près par les cormorans, les hérons, les mouettes ou les aigrettes. Au bout de l'étang, sur la départementale 79, un moine de vidange permet l'évacuation de l'eau sous la route et de récupérer les poissons dans les différents bassins de la pisciculture voisine. C'est ici que Loïc vient se fournir auprès de Benoît Baltes qui regrette l'absence de public : « Les nouvelles générations ne savent pas cuisiner ces poissons. Heureusement il y a les chefs. Les autres poissons sont vendus vivants à des associations de pêche ou à des comités d'entreprise du Grand Est. »

Rien ne se perd, tout se transforme

Truite du Heimbach laquée, œufs de truite et garum de truite ; pigeon, betterave et jus au foin ; kombucha de myrtilles sauvages,

CI-CONTRE

C'est essentiellement en automne que les ouvriers piscicoles, dont Benoît Baltes (ci-contre) récupèrent au filet les poissons de l'étang du Bischwald. Parmi les espèces les plus représentées, gardon, carpe, sandre, perche et tanche.

Loïc s'extasie sur les 70 variétés de pruniers, les 40 cognassiers, les 80 noisetiers, la beauté du malus golden hornet, un pommier d'ornement qui donne de petites pommes jaunes, le malus crittenden et ses pommes qui font penser à des bigarreaux et la sucrée de Metz, une variété de framboisier. Et Loïc de conclure la balade : « Il y a la richesse méconnue du patrimoine départemental et, ici, la richesse du savoir-faire mosellan sur le plan

CI-DESSUS

Sur la commune de Grostenquin, Loïc travaille avec Dominique, son maraîcher. Le chef finance les graines et achète les légumes produits. Aujourd'hui, 80 % des besoins du restaurant sont couverts par ce jardin conduit entièrement en bio.

pommes de terre en croûte de sel, livèche, fleurs d'achillée, fleurs de violettes séchées, sauce au jus de pommes de terre fermentées avec munster fermier et petit lait ; pommes de terre en cubes, crumble, crème de lait concentré et crémeux de jaune d'œuf au citron ; figues sauce caramel romarin et sorbet de meringue fumée… l'énoncé de ces plats dans cette salle baignée de lumière et ouvrant sur une nature verte et bosselée pourrait laisser penser que la cuisine de Loïc ne s'appréhende pas si facilement. En réalité, il est pleinement dans son identité culinaire, le produit local et le zéro déchet, dans un style sophistiqué, mais simple. Rien ne se perd, tout se transforme et chaque morceau, chaque matière d'un même produit va trouver sa place au gré des créations dressées dans les sublimes assiettes de Jean-Luc Pirot, potier céramiste dans les Ardennes voisines. Ainsi, de la fermentation d'une pomme des Jardins fruitiers de Laquenexy, Loïc va créer 3 ou 4 autres produits, dont un jus, un condiment, une poudre ou un sel, une fois l'élément principal déshydraté après fermentation. De l'hydromel de topinambour réalisé à partir du miel maison – il le fait aussi avec du navet, du rutabaga ou de la betterave jaune – Loïc pourra se servir de l'hydromel, travailler le topinambour en croustillant ou en duxelles et réaliser un espuma. Cela représente des heures de travail, beaucoup de concentration et de temps passé dans son sous-sol à s'assurer que chaque pensionnaire se porte bien, mais il en va de cette volonté de ne rien perdre et de prouver que tout se cuisine, que rien ne se jette à l'instar, sans doute, de ce que sa grand-mère pratiquait au temps des vaches maigres ⁕

***miso** : pâte à base de soja, de céréales et de sel, mise à fermenter.
***garum** : se traduit par jus ou sauce obtenus à partir de la fermentation, à l'origine, de chair et de viscères de poisson.
***kombucha** : boisson constituée de thé sucré fermenté.
***umeboshi** : prunes fermentées, séchées et salées

CI-DESSOUS

Noix de saint-jacques de plongée rôties, pommes en pickles et en fermentation, bourgeons de sapin confits, pommes de pin en pickles et réduction de pommes.

CI-DESSUS

Kombucha de myrtilles sauvages, pommes de terre en croûte de sel, livèche, fleurs d'achillée, sauce de jus de pommes de terre fermentées, munster fermier et petit-lait.

Retrouvez notre carnet d'adresses page 192.

Pigeon mariné au garum en 2 services : tartelette de farine d'orge, mousse de foies, cœurs séchés, fumés, déshydratés et salade de lentillons

POUR 4 PERSONNES

LE PIGEON
1 pigeon
700 g de petit-lait
10 cl de garum de pigeon
5 cl d'huile de pépins de raisin
Saumure

LES CŒURS DE PIGEON FUMÉS
250 g de cœurs de pigeon
Saumure

LE JUS DE PIGEON
50 cl de jus de pigeon
10 cl de petit-lait
6 échalotes
3 gousses d'ail
1 poignée de foin
1 c. à s. d'huile de pépins de raisin

LA MOUSSE DE FOIES DE PIGEON
250 g de foies de pigeon
250 g de lait
50 g de beurre
60 g de sucre muscovado
1 échalote
0,5 g de poivre noir
200 g de porto

LA SALADE DE LENTILLONS
150 g de lentillons de la ferme Bel Air
1 l de bouillon de légumes

LA PÂTE À TARTELETTE
470 g de farine d'orge
180 g de sucre glace
60 g de farine de lentilles
4 g de sel
240 g de beurre pommade
2 œufs

LES CŒURS DE PIGEON FUMÉS (À RÉALISER 72 HEURES AVANT) Rincez et faites dégorger les cœurs de pigeon dans de l'eau puis passez-les en saumure composée de 250 g d'eau, 15 g de sel et 4 g de sucre pendant 45 minutes avant de les rincer. Déposez-les dans un plat et faites-les sécher 1 nuit au réfrigérateur.
Le lendemain, faites-les fumer au fumoir à froid pendant 48 heures puis mettez-les à sécher dans un four à 50 °C pendant 12 heures.

LE PIGEON Videz et flambez le pigeon. Levez le bateau. Déposez le pigeon dans une saumure à 7 g de sel avec le petit-lait et le garum de pigeon pendant 12 heures puis laissez sécher.
Préchauffez le four à 120 °C.
Marquez le pigeon à la poêle avec l'huile de pépins de raisin et colorez-le bien. Laissez reposer 15 minutes, enfournez pour 3 minutes puis laissez reposer 10 minutes et répétez l'opération 2 fois.

LE JUS DE PIGEON Épluchez les échalotes et l'ail puis émincez-les. Faites-les colorer dans l'huile et appliquez une légère coloration. Déglacez au petit-lait et laissez réduire de moitié. Versez le jus de pigeon et laissez réduire de moitié. Déposez le foin et laissez infuser 10 minutes puis passez au chinois.

LA MOUSSE DE FOIES DE PIGEON Mettez les foies à dégorger dans le lait pendant 5 h 30. Rincez-les et mettez-les à sécher sur un torchon pendant 1 heure. Dans une sauteuse, chauffez le beurre avec l'échalote ciselée puis ajoutez les foies et saisissez bien. Dans une casserole, faites réduire le porto de façon à n'obtenir qu'une trentaine de grammes. Mixez les foies, le porto réduit et le reste des ingrédients pendant une dizaine de minutes. Conservez au froid.

LA SALADE DE LENTILLONS Blanchissez les lentillons dans une eau bouillante salée. Égouttez-les puis étalez-les sur une plaque allant au four et laissez sécher dans un four à 60 °C pendant 1 heure. Fumez les lentilles pendant 3 heures au fumoir à froid puis cuisez-les dans le bouillon de légumes pendant 15 minutes avec la garniture aromatique. Les lentillons doivent rester croquants.

LA PÂTE À TARTELETTE Tamisez les farines ensemble puis versez-les sur un plan de travail. Incorporez du bout des doigts le beurre en amalgamant l'ensemble. Réalisez un puits et ajoutez les œufs, le sucre glace et le sel en pétrissant. Formez une boule et étirez-la 5 à 6 fois avec la paume de votre main sur le plan de travail fariné puis reformez une boule. Enveloppez-la dans du papier film et laissez reposer au réfrigérateur pendant 2 heures. Étalez, foncez des moules à tartelette et enfournez dans un four préchauffé à 160 °C pour 10 minutes

LA FINITION Préchauffez le four à 250 °C. Flashez le pigeon pendant 2 minutes au four puis levez les filets et découpez-les en aiguillettes. Assaisonnez les lentillons avec le jus de pigeon chaud.

LE DRESSAGE Sur le fond de l'assiette, déposez les aiguillettes et recouvrez d'une partie des lentillons au jus de pigeon. Dans la tartelette, dressez la mousse de foies de pigeon puis recouvrez de lentillons et râpez les cœurs de pigeon fumés dessus.

Cahier N° 7
PLANTES-FLEURS
Cahier N° 5
LE

Le divin quotidien de Delphine

La perfection

Depuis des temps immémoriaux les feuilles tombent des arbres, enrichissent la terre, forment de l'humus accueillant les graines semées à la volée par les oiseaux de passage... la nature est parfaite ! Si seulement nous pouvions en prendre de la graine et nous en inspirer en semant ce que nous aimerions récolter, ce serait bénéfique pour nous, nos enfants et l'humanité tout entière.

RECETTES ET STYLISME
DELPHINE BRUNET

PHOTOGRAPHIES
ÉRIC FÉNOT

La châtaigne et sa douceur arrivent à point nommé pour bien nous nourrir et nous réchauffer en ce début d'automne frisquet.

Entrée

Velouté de châtaignes au lard croustillant

POUR 4 PERSONNES

400 g de châtaignes cuites au naturel
1 oignon
2 c. à s. d'huile d'olive
20 g de beurre
1 l de bouillon de volaille
1 poignée de noisettes
10 tranches très fines de poitrine fumée
10 cl de crème liquide entière
Sel et poivre

❶ Épluchez l'oignon et ciselez-le. Faites-le revenir dans un faitout avec le beurre et l'huile pendant 5 minutes puis ajoutez les châtaignes et le bouillon chaud. Salez, poivrez, couvrez et laissez mijoter 15 minutes.

❷ Préchauffez le four à 180 °C.

❸ Mixez grossièrement les noisettes. Disposez les tranches de poitrine fumée sur une plaque de cuisson, saupoudrez-les de noisettes concassées puis enfournez pour 10 minutes.

❹ Retirez 1/3 de bouillon de cuisson de la cocotte et mettez-le de côté. Mixez les châtaignes avec le restant de bouillon et la crème liquide puis ajoutez un peu, beaucoup ou pas du tout de bouillon afin d'obtenir la consistance désirée.

❺ Servez dans des bols avec 1 ou 2 tranches de lard croustillant aux noisettes et un peu de poivre.

Entrée

Canapés de boudin blanc aux poires

POUR 4 PERSONNES

1 pâte feuilletée pur beurre épaisse
3 poires
1 oignon
2 cm de gingembre
1 c. à s. de miel d'acacia
40 g de beurre
2 boudins blancs
1 branchette de romarin
Sel et poivre

❶ Épluchez les poires et coupez-les en petits dés. Épluchez l'oignon et le gingembre et mixez-les. Faites revenir le tout dans une poêle avec le beurre et le miel. Salez, poivrez, couvrez et laissez fondre 10 minutes.

❷ Coupez les boudins blancs en tranches de 1 cm d'épaisseur.

❸ Préchauffez le four à 180 °C.

❹ Découpez des disques de pâte feuilletée avec un emporte-pièce cannelé de 6 cm de diamètre. Disposez-les sur une plaque de cuisson recouverte de papier sulfurisé. Déposez une cuillerée de compotée de poires au centre et ajoutez une tranche de boudin dessus. Enfournez pour 15 minutes puis servez avec un peu de romarin finement ciselé, du sel et du poivre.

Entrée

Crèmes au foie gras

POUR 4 PERSONNES

160 g de foie gras mi-cuit
40 cl de crème liquide entière
½ c. à c. de cardamome en poudre
4 jaunes d'œuf
1 c. à c. de sel de céleri
Sel et poivre
Feuilles de céleri pour la finition

❶ Dans une casserole, chauffez la crème jusqu'à frémissements. Ajoutez le foie gras coupé en cubes et la cardamome. Salez, poivrez et laissez fondre hors du feu pendant 5 minutes.
Mixez finement.

❷ Préchauffez le four à 140 °C.

❸ Fouettez les jaunes d'œuf puis ajoutez-les à la crème en mélangeant. Versez la préparation dans 4 ramequins et enfournez pour 30 minutes.

❹ Laissez refroidir hors du four puis filmez et réservez au frais 2 à 3 heures.

❺ Saupoudrez de sel de céleri, ajoutez des feuilles de céleri finement ciselées et servez avec du pain grillé.

Entrée

Galettes nuageuses à la truite

POUR 4 PERSONNES

LA PÂTE À GALETTES

2 œufs
60 g de fromage blanc
½ c. à c. de levure chimique
Sel et poivre
20 g de beurre pour la cuisson

LA CRÈME

125 g de fromage blanc
2 c. à c. de moutarde
1 œuf
Sel et poivre

LA GARNITURE

2 petites tranches de truite fumée (60 g environ)
1 petit pot d'œufs de truite (80 g environ)
Quelques brins de ciboulette

❶ Commencez par les galettes. Séparez les blancs des jaunes d'œuf. Mélangez les jaunes avec le fromage blanc. Salez, poivrez. Battez les blancs en neige ferme avec la levure et mélangez-les ensuite délicatement aux jaunes.

❷ Préchauffez le four à 150 °C.

❸ Tapissez une plaque de cuisson de papier sulfurisé, beurrez-le et disposez 6 tas de pâte bien espacés. Aplatissez-les un peu avec le dos de la cuillère puis enfournez pour 20 minutes.

❹ Pour la crème, séparez le blanc du jaune d'œuf. Fouettez le jaune avec le fromage blanc et la moutarde pendant 1 minute. Salez, poivrez. Montez le blanc en neige ferme puis incorporez-le à la crème.

❺ Taillez la truite en lanières et ciselez la ciboulette.

❻ Déposez de la crème, des lanières de truite fumée, des œufs de truite et un peu de ciboulette sur les galettes nuageuses encore tièdes.

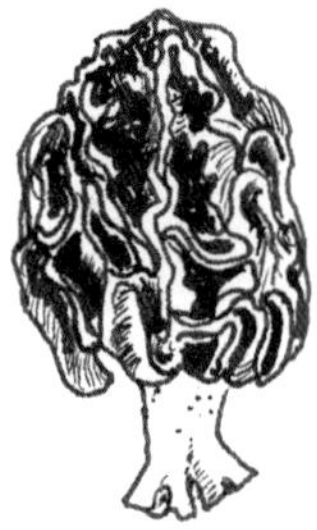

Résister à la tentatrice morille, même sèche, est une gageure... autant y succomber et tout dévorer !

Plat

Blanquette de poulet aux morilles

POUR 6 PERSONNES

1 poulet coupé en morceaux
40 g de morilles sèches
4 échalotes
1 c. à s. de farine
50 cl de vin blanc
10 pruneaux dénoyautés
6 c. à s. d'huile d'olive
Sel et poivre

LA SAUCE
50 g de beurre
2 c. à s. de farine
1 jaune d'œuf
10 cl de crème liquide entière
Le jus de ½ citron
Sel et poivre

❶ Mettez les morilles à tremper dans un petit saladier d'eau chaude pendant 10 minutes. Épluchez et ciselez les échalotes. Faites-les fondre dans une cocotte avec l'huile puis ajoutez les morceaux de poulet et faites-les colorer de tous côtés pendant 5 minutes. Saupoudrez-les de farine. Salez, poivrez puis mélangez et versez le vin blanc. Laissez bouillonner 30 secondes puis versez le jus des morilles filtré. Ajoutez un peu d'eau à niveau si besoin. Couvrez et laissez cuire 30 minutes à feu moyen puis ajoutez les morilles et les pruneaux et poursuivez la cuisson 10 minutes.

❷ Pendant ce temps, préparez la sauce en faisant fondre le beurre à feu doux dans une casserole. Ajoutez la farine. Mélangez puis prélevez 2 ou 3 louches de bouillon de cuisson du poulet et délayez la sauce avec. Salez, poivrez et faites cuire à feu doux, sans faire bouillir, en mélangeant sans cesse pour faire épaissir.

❸ Dans un bol, mélangez le jaune d'œuf avec une louchette de bouillon de cuisson en fouettant. Versez dans la sauce et mélangez hors du feu. Ajoutez la crème liquide et le jus de citron. Salez, poivrez et servez avec le poulet aux morilles.

Plat

Nouilles sautées aux légumes

POUR 4 PERSONNES

160 g de nouilles de riz
2 carottes
½ brocoli
250 g d'épinards
2 échalotes
3 c. à s. d'huile d'olive
2 c. à s. d'huile de sésame
2 poignées de cacahuètes grillées salées
1 c. à s. de graines de sésame
Sel et poivre
10 brins de coriandre pour servir

LA SAUCE
2 c. à s. de sauce soja sucrée
1 c. à s. de miel
2 c. à s. de beurre de cacahuètes
2 pincées de flocons de piment
1 citron vert
1 gousse d'ail
2 cm de gingembre
Sel et poivre

❶ Épluchez les carottes et coupez-les en lanières avec un économe. Coupez les fleurettes de brocoli en tranches fines. Équeutez les épinards, lavez-les et coupez-les grossièrement.
Épluchez et ciselez les échalotes.

❷ Dans une grande poêle avec l'huile d'olive, faites fondre les échalotes pendant 3 minutes puis ajoutez les carottes et le brocoli. Versez un demi-verre d'eau, couvrez et faites cuire 5 minutes, ajoutez les épinards et poursuivez 3 minutes. Salez, poivrez, réservez.

❸ Préparez la sauce en assemblant la sauce soja, le miel, le beurre de cacahuètes, les flocons de piment, le zeste et le jus du citron puis la gousse d'ail et le gingembre épluchés et râpés. Salez, poivrez. Versez un peu d'eau si besoin pour fluidifier l'ensemble.

❹ Plongez les nouilles de riz pendant 4 minutes dans une casserole d'eau bouillante salée. Égouttez, arrosez d'huile de sésame. Mélangez-les à la poêlée de légumes et versez la sauce.

❺ Faites réchauffer quelques minutes puis servez aussitôt avec de la coriandre ciselée, les graines de sésame et les cacahuètes concassées.

Plat

Cocotte d'échine de porc aux haricots et chorizo

POUR 6 PERSONNES

1 kg d'échine de porc sans os
600 g de haricots blancs en gousses (ou 300 g écossés environ)
1 c. à c. de bicarbonate
100 g de chorizo fort
1 oignon
2 gousses d'ail
4 c. à s. d'huile d'olive
25 g de beurre
1 petit verre de Noilly Prat
400 g de tomates concassées en boîte
50 cl de bouillon de poule
2 feuilles de laurier
6 pincées de thym
Sel et poivre
Persil ciselé

❶ Écossez les haricots puis faites-les cuire dans 1 grand volume d'eau froide avec le bicarbonate pendant 35 minutes.

❷ Retirez la peau du chorizo et coupez-le en petits cubes. Coupez l'échine en cubes de 3 cm de côté environ. Épluchez l'ail et l'oignon, hachez-les et faites-les revenir dans une grande cocotte avec l'huile et le beurre. Ajoutez la viande et le chorizo et faites cuire à feu vif pendant 15 minutes, versez le Noilly Prat puis les tomates et le bouillon. Salez, poivrez, ajoutez le thym et le laurier. Couvrez et faites cuire 1 h 30 à feu doux.

❸ Ajoutez les haricots égouttés 5 minutes avant la fin. Salez, poivrez et servez avec du persil ciselé.

Plat

Curry de poireaux, cajou, coco et lieu noir

POUR 6 PERSONNES

2 oignons
500 g de carottes
2 poireaux
3 gousses d'ail
2 feuilles de laurier
2 brins de thym
1 branchette de romarin
1 c. à s. de gros sel
5 capsules de cardamome
1 bâton de cannelle
1 c. à c. de graines de cumin
1 c. à c. de graines de fenouil
1 c. à c. de graines de coriandre
6 c. à s. d'huile d'olive
1 c. à s. rase de curry
200 g de tomates concassées en boîte
400 ml de lait de coco
3 bâtons de citronnelle
1 c. à c. de gingembre en poudre
1 petite boîte de pois chiches de 265 g
400 g de dos de lieu noir
1 citron vert
De la coriandre fraîche
1 poignée de noix de cajou salées
Sel et poivre

❶ Épluchez les oignons, les carottes et les poireaux. Lavez-les et coupez-les en rondelles puis versez-les dans un faitout avec 1 gousse d'ail épluchée et coupée en 2, le laurier, le thym et le romarin. Couvrez d'eau, ajoutez le gros sel et faites cuire 20 minutes à petite ébullition. Égouttez les légumes, retirez le thym, le romarin et le laurier et faites réduire le bouillon de cuisson pendant 15 minutes à découvert.

❷ Disposez dans un sac en papier les graines contenues dans les capsules de cardamome, le bâton de cannelle, les graines de cumin, de fenouil et de coriandre puis pulvérisez-les au rouleau à pâtisserie.

❸ Versez l'huile d'olive dans une cocotte. Ajoutez les épices pulvérisées et le curry et faites-les revenir 2 minutes puis ajoutez les légumes égouttés. Mélangez et ajoutez les tomates concassées, le lait de coco, les bâtons de citronnelle fendus en 2 et le bouillon de cuisson réduit afin de recouvrir les légumes.

❹ Râpez les gousses d'ail restantes et ajoutez-les à la cocotte avec le gingembre en poudre. Laissez mijoter 10 minutes à feu doux. Ajoutez les pois chiches et le lieu noir coupé en morceaux. Salez, poivrez et laissez cuire encore 10 minutes.

❺ Retirez la citronnelle, salez, poivrez et servez ce curry avec du riz parfumé et des rondelles de citron vert, des noix de cajou concassées, de la coriandre à volonté.

TREIGNAC

La châtaigne, après nous avoir comblés en entrée, revient pour le dessert, accompagnée de la poire, et ça devrait vous plaire.

Dessert

Tarte aux poires et crème de châtaignes

POUR 10 PERSONNES

LA PÂTE
220 g de farine
90 g de poudre de noisettes
80 g de sucre
120 g de beurre salé mou + un peu pour le moule
50 g d'eau environ

LA GARNITURE
350 g de purée de châtaignes
1 c. à s. de rhum
3 poires fermes
1 c. à s. de noisettes concassées
1 c. à s. de sucre roux

❶ Dans un saladier, assemblez la farine et la poudre de noisettes. Ajoutez le sucre puis le beurre mou taillé en morceaux. Mélangez bien en écrasant le beurre puis ajoutez un peu d'eau afin de former une boule de pâte lisse et homogène. Emballez et réservez au frais 30 minutes.

❷ Préchauffez le four à 180 °C.

❸ Beurrez un grand moule à tarte rectangulaire à fond amovible ou tapissez-le de papier sulfurisé. Étalez la pâte sur un plan de travail fariné ou directement sur le papier. Foncez le moule et piquez le fond de la pâte avec une fourchette.

❹ Mélangez la purée de châtaignes avec le rhum puis étalez-la sur le fond de tarte.
Épluchez et taillez les poires en lamelles, disposez-les bien serrées sur la crème. Saupoudrez de noisettes concassées et de sucre roux puis enfournez pour 20 minutes de cuisson.

❺ Laissez complètement refroidir avant de démouler délicatement.

Dessert

Donuts à la courge, cannelle et gingembre

POUR 16 PIÈCES

400 g de courge (potimarron ou bleu de Hongrie)
2 œufs
75 g d'huile de pépins de raisin
2 c. à c. de cannelle
2 c. à c. de gingembre en poudre
250 g de farine
1 sachet de levure
130 g de sucre roux
Beurre

LA FINITION
50 g de beurre fondu
50 g de sucre roux
1 c. à c. rase de cannelle

❶ Épluchez la courge puis taillez-la en petits morceaux et faites-les cuire à la vapeur pendant 15 minutes environ. Mixez puis ajoutez les œufs, l'huile, la cannelle, le gingembre, la farine, la levure et le sucre. Mélangez bien.

❷ Préchauffez le four à 180 °C.

❸ Beurrez des moules à donut puis remplissez-les de pâte à ras bord. Enfournez pour 10 à 12 minutes à chaleur tournante. Démoulez sur une grille. Recommencez avec le restant de pâte.

❹ Trempez une face de donut dans le beurre fondu puis dans le sucre mélangé à la cannelle.
Servez tiède.

Dessert

Petits flans aux poires et prunes

POUR 6 PERSONNES

25 g de beurre + un peu pour les moules
1 poire
3 quetsches
3 œufs
100 g de sucre
15 cl de crème liquide entière
30 g de poudre d'amandes
20 g de farine
Le zeste de ½ citron

❶ Faites fondre le beurre et laissez-le refroidir.

❷ Épluchez la poire et coupez-la en petits morceaux. Taillez les quetsches en lamelles.

❸ Dans un saladier, fouettez les œufs avec le sucre puis versez la crème. Ajoutez la poudre d'amandes, la farine, le beurre fondu et le zeste. Mélangez puis ajoutez les morceaux de poire et la moitié des lamelles de quetsches.

❹ Préchauffez le four à 180 °C.

❺ Beurrez des petits moules individuels puis répartissez la préparation et déposez une lamelle de prune dans chaque moule. Enfournez pour 15 minutes environ selon la taille des moules. Démoulez et servez tiède.

Dessert

Fondant au citron

POUR 10 PERSONNES

LA PÂTE
180 g de farine
120 g de beurre mou
60 g de sucre glace
Le zeste de 1 citron

LA CRÈME
250 g de sucre glace
50 g de farine
5 œufs
25 cl de jus de citron (4 à 5 citrons)

LA FINITION
QS de sucre glace

❶ Préparez la pâte en mélangeant le beurre mou et le sucre, ajoutez la farine et le zeste de citron.

❷ Préchauffez le four à 160 °C.

❸ Tassez cette pâte dans le fond d'un moule carré tapissé de papier sulfurisé sans la faire remonter sur les bords. Piquez la pâte avec une fourchette et enfournez pour 25 minutes. Sortez le moule et montez la température du four à 180 °C.

❹ Préparez la crème en mélangeant le sucre glace et la farine dans un saladier.
Mélangez les œufs avec le jus de citron. Assemblez les 2 préparations, mélangez bien en fouettant puis versez sur la pâte précuite directement dans le moule. Enfournez pour 20 à 25 minutes puis laissez refroidir complètement hors du four.

❺ Tirez le papier sulfurisé vers le haut pour démouler le gâteau sans le retourner. Égalisez les bords puis coupez le fondant en carrés, saupoudrez-les de sucre glace et servez.

Super production

Le haricot de Soissons, le miraculé de l'Aisne

Les légumineuses, pour leurs atouts alimentaires, économiques ou agronomiques reviennent sur le devant de la scène. Une aubaine pour les producteurs du haricot de Soissons qui avait presque été rayé du patrimoine agricole et culinaire de l'Aisne, son fief historique.

TEXTE
Philippe Toinard

PHOTOGRAPHIES
Anne-Claire Héraud

P**ARMI L'INVENTAIRE** des haricots blancs, frais ou secs, produits en France, certains ont une notoriété qui dépasse largement les frontières de leur département de production. C'est le cas du haricot tarbais qui arbore une IGP et un Label rouge tout comme la mogette de Vendée, le coco de Paimpol, fier de son AOC, ou le haricot lingot de Castelnaudary, composante du fameux cassoulet, qui a obtenu une IGP en 2020, après dix-neuf années d'attente. Cette distinction récente donne de l'espoir aux producteurs de haricots de Soissons qui, eux aussi, ont déposé une demande d'IGP… en 2003, à une époque où ce mythique haricot, le plus gros d'entre eux, avait presque disparu et rejoint la cohorte des haricots oubliés au même titre que le haricot comtesse de Chambord, la cornille ou le coco de Pamiers, en Ariège.

Du chacun pour soi… à la coopérative

Avant 2003, la production du haricot de Soissons est à l'agonie. Une poignée d'agriculteurs et de particuliers continue d'en planter pour répondre à une demande en berne ou pour leur consommation personnelle. Pourtant, ce haricot possède une longue histoire à Soissons où il jouit de plusieurs légendes qui ont fait de lui un symbole de la ville à l'instar du célèbre vase et de Clovis. La première d'entre-elles remonte à la guerre de Cent Ans (1337 – 1453) pendant laquelle des Soissonnais fuyant la peste auraient perdu des graines. À leur retour, une récolte exceptionnelle aurait permis de nourrir la population. L'autre légende, plus récente, remonte à la fin du XIXe siècle et est attribuée au guetteur de la cathédrale qui, pour passer le temps, aurait semé des haricots le long des garde-fous. Légendes mises à part, on sait de source sûre que le haricot de Soissons est cultivé dans l'Aisne depuis au moins deux cents ans notamment dans son berceau historique, la vallée de l'Ailette. Au fil des décennies, dans un département où l'élevage et les grandes cultures de blé, d'orge, de colza et de betterave sucrière prennent le pas sur toutes les autres, il devient de plus en plus difficile de trouver du haricot à la vente. À tel point qu'à la fin du XXe siècle, le plus connu des haricots de Soissons est sucré ! Il a la forme du haricot, la couleur du haricot, mais, en réalité, c'est une confiserie avec un cœur fondant au caramel au beurre salé enrobé de chocolat noir ou feuilleté praliné ou encore composé de nougatine enrobée de chocolat blanc. Il faut, à cette époque, toute l'abnégation de Yana Doureux pour relancer la production du haricot de Soissons dans sa

PAGE DE GAUCHE

Avec seulement 10,4 hectares de production, les parcelles de haricots de Soissons sont généralement petites comme ici à Parcy-Tigny chez Géraldine Toupet, présidente de la coopérative qui possède 60 ares mis en production pour la première fois en 2016.

PAGE DE GAUCHE

La récolte se déroule généralement de mi-octobre à mi-novembre, selon les conditions météorologiques. Une journée de pluie oblige le producteur à décaler la récolte pour permettre aux gousses de sécher.

version légumineuse. Élue au conseil municipal de Soissons, elle part en croisade auprès de quelques planteurs et de maraîchers pour les inciter à relancer la production du haricot et auprès de restaurateurs pour les convaincre de le remettre à la carte de leurs établissements. Deux ans plus tard, avec quelques passionnés, elle crée la confrérie gastronomique des compagnons du haricot de Soissons. La renaissance du « gros jacquot blanc », comme on l'appelle là-bas, est en marche. Dès 2003, la coopérative du haricot de Soissons voit le jour et c'est une autre femme, Camille Hoche, qui va en prendre la présidence pendant treize ans. Ils sont alors quelques dizaines à croire au projet de relance selon un fonctionnement simple et rémunérateur. La coopérative est détentrice de la semence, variété cahot, que les producteurs plantent, récoltent, battent et font sécher chez eux avant de livrer leur production à la coopérative qui calibre et trie avant de sous-traiter l'ensachage et l'élaboration de plats préparés.
Les producteurs sont alors rémunérés au kilo trié (4,50 euros) ce qui, pour certains, apporte un revenu complémentaire non négligeable pour peu qu'ils aient un peu de surface, la marge pouvant atteindre 3 000 euros à l'hectare.

Des ares plus que des hectares

En 2021, sur la quarantaine de pionniers de la relance, ils ne sont plus que 19 à adhérer à la coopérative (3 ont souhaité rester indépendants) pour une surface totale de 10,4 hectares et pour

PAGE DE GAUCHE

En coupant les pieds à la fin de l'été quand les gousses sont bien formées, la sève ne monte plus dans la plante. Feuillage et cosses se dessèchent.

une production en 2019 de 14,4 tonnes en secs et battus. Bien meilleure que 2018 qui fut catastrophique avec seulement 7 tonnes. En cause, la chaleur qui a fait précocement faner – on dit « couler » – les fleurs qui n'ont donc pas donné naissance aux gousses. Cependant, l'objectif de la nouvelle présidente de la coopérative, Géraldine Toupet, est de remonter à 25 membres pour répondre à la demande croissante. « Les surfaces sont minuscules. La plus petite est de 20 ares et seuls deux membres de la coopérative ont 1 hectare d'un seul tenant. Le haricot de Soissons, ce n'est pas une grande culture. Il ne faut pas beaucoup de place, mais comme il s'agit d'un revenu complémentaire, chacun fait en fonction de ses moyens », précise Géraldine qui s'est lancée dans la production en 2016. Il faut aussi savoir jongler avec les autres récoltes car le haricot se ramasse au même moment que la betterave sucrière. C'est le cas chez Benoît Vandenbussche, à Beugneux. Benoît, 36 ans, produit du haricot depuis 2012 sur 60 ares pour un poids sec trié et livré de 1 800 kilos. Bien loin des rendements de ses champs de blé, de betterave, d'orge et de colza : « C'est une production qui change de mon quotidien et j'y suis attaché. »
C'est à peu près le même schéma chez Didier et Nicole Gallian, à Rozières-sur-Crise, qui plantent sur 78 ares : « Parallèlement, je suis salarié dans une exploitation agricole et je produis un peu de blé et de colza », indique Didier. De son côté, Géraldine possède 60 ares à Parcy-et-Tigny répartis sur plusieurs parcelles.

CI-CONTRE

Benoît Vandenbussche, propriétaire de 60 ares à Beugneux, utilise une ancienne égraineuse à maïs pour séparer les cosses des haricots. Le taux d'humidité du haricot à la sortie de l'égraineuse se situe entre 20 et 30 %. Le séchage qui suivra devra permettre de le faire tomber à 15 %.

PAGE DE GAUCHE

Jour de récolte chez Nicole Gaillan, productrice de haricots de Soissons sur 78 ares à Rozières-sur-Crise.

Après des études en agriculture, elle s'est orientée vers l'immobilier, mais, à la ferme familiale, l'administratif demandait de plus en plus de temps. Avec Charles-Henri, son époux, à la tête de 200 hectares de grandes cultures, de morilles sous serre et de vigne, ils ont décidé, en 2015, de créer un poste pour Géraldine pour gérer la paperasse. Entre deux chèques, deux factures à régler et une ou deux déclarations, Géraldine se lance dans le haricot pour s'occuper tout en prenant la suite de Camille Hoche à la présidence de la coopérative soit l'équivalent d'un mi-temps notamment pour assurer les commandes et suivre le dossier épineux de l'obtention de l'IGP qui traîne en longueur. Heureusement, le Groupement régional de qualité alimentaire est là pour l'aider comme il l'a fait pour le lingot du Nord, cultivé sur la plaine de la Lys qui a obtenu un Label rouge en 1998 et une IGP dix ans plus tard.

Travail manuel

La culture du haricot de Soissons – 500 heures de travail par hectare et par an – ne nécessite pas beaucoup de place au sol car c'est une liane qui monte à plus de 2 mètres. Pour l'ensemble des producteurs, tout commence fin avril début mai avec les semis, tous les 25 centimètres, sur des sols ni trop acides ni trop calcaires et en veillant à changer de parcelle tous les cinq ans. Il faut ensuite mettre en place les piquets et y agrafer les filets. Quelques semaines plus tard, sans que l'homme n'ait besoin d'intervenir,

CI-CONTRE

Géraldine Toupet, présidente de la coopérative du haricot de Soissons. Elle a succédé à Camille Hoche qui avait occupé le poste pendant treize ans.

PAGE DE GAUCHE

Après la récolte, les gousses sont étalées pour le séchage et, en l'absence d'égraineuse, battues pour faciliter la séparation de la cosse des haricots.

le plant va venir s'agripper naturellement au filet et monter avant que n'apparaissent les premières fleurs. L'été, c'est la période du désherbage. Une première partie est réalisée au mini-tracteur entre les rangs et, la seconde, manuellement au pied de chaque plant. Fin septembre, toujours à la main, le producteur coupe les pieds de façon à stopper la montée de la sève. Les gousses sont alors formées et plusieurs semaines vont s'écouler pour permettre au feuillage de changer de couleur, passant du vert au jaune, et aux gousses de sécher sans tomber. Il ne reste plus qu'à récolter manuellement… mais seulement par beau temps. S'il se met à pleuvoir, le taux d'humidité dans la gousse devient trop important et le séchage plus compliqué avec des risques de pourriture. Cette récolte, généralement assurée par des retraités, l'est aussi par des Bulgares qui viennent s'installer aux environs de Soissons après avoir travaillé dans les vignes champenoises. Déposées dans des palox en bois ou en plastique, les gousses entières sont ensuite acheminées dans un endroit sec avant de passer, selon le taux d'humidité, dans des égraineuses. Une bonne année, c'est 4 à 5 haricots par gousse. En 2020, c'était plutôt 3. Chez Benoît Vandenbussche, la machine est une ancienne égraineuse à maïs du Sud-Ouest et, tout le monde n'en étant pas équipé, les machines, au cœur de la saison, passent de ferme en ferme. À ce stade, le taux d'humidité est compris entre 20 % et 30 %. Le séchage est impératif et le taux devra descendre entre 15 et 16 % pour rejoindre la Ferme de Vauxrains, à Vaudesson où se déroulent le calibrage et le tri entre décembre et janvier au rythme des récoltes, du séchage et de la quantité. La première étape permet d'écarter les petits haricots (la taille requise est de 17 mm

Chaque producteur apporte ses haricots séchés à la coopérative installée dans la Ferme de Vauxrains, à Vaudesson. Le tri manuel va permettre d'écarter les haricots de petite taille, les jaunis et les cassés. La rémunération du producteur se fait sur la base du kilo trié et non sur le kilo livré.

minimum) qui seront donnés en nourriture au bétail. Les haricots de bon calibre sont alors triés à la main sur un tapis roulant. Ne sont pas retenus, les très jaunes, les cassés, les tachés et les fripés. Les rescapés sont empaquetés dans des sacs de 5 kilos puis expédiés, pour partie à l'Esat (établissement et service d'aide par le travail) de Soissons où les haricots sont ensachés par paquet de 250 grammes ou 500 grammes et, pour une autre partie, envoyés à Loudun chez un conserveur qui les cuisine au naturel ou à la graisse d'oie, selon les recettes du chef Patrick Asfaux : prêts à être réchauffés ou en « Apérico » version méridionale, provençale ou piperade pour être dégustés froids. « Sur les 14,4 tonnes de 2019, 2,3 tonnes ont été transformées en plats cuisinés que nous avons lancé en 2010. 5,5 tonnes sont ensachées et le reste est vendu en vrac », précise Géraldine Toupet, comme cette palette en partance pour la Corse où un transformateur les achète pour produire ses propres recettes. Le haricot de Soissons est-il sauvé ? Pas totalement, mais avec l'engouement pour les légumineuses, les conserves prêtes à réchauffer, les restaurateurs qui le valorisent, les épiceries qui le mettent en avant – il est notamment présent à La Grande Épicerie de Paris – et la future IGP qui permettra de contrer les haricots « dits de Soissons » produits en Chine ou en Pologne, son avenir est bien plus radieux qu'au début du siècle

Retrouvez notre carnet d'adresses page 192.

Les recettes de L'Avant-Poste

RECETTES
Gaëtan Coculo

TEXTE
Philippe Toinard

PHOTOGRAPHIES
Guillaume Czerw

L'Avant-Poste, ce n'est pas seulement une adresse bistronomique de qualité, c'est aussi un restaurant engagé où tous les produits cuisinés par Gaëtan Coculo proviennent de producteurs affectueusement surnommés les « Résistants ». Parmi eux, les maraîchers Grégoire et Fabienne Desnoulez installés dans la Manche, Jackie et Masayo Malardé, éleveurs de bœuf de race armoricaine en Bretagne, Jean-Marc Gandoin, agrumiculteur en Corse, Thierry Bonnier, producteur de légumineuses dans le Maine-et-Loire ou Sophie Nédellec, éleveuse de races animales anciennes dans les Côtes-d'Armor. Tous ont lu et approuvé les dix points de la charte qualité imaginée par *L'Avant-Poste* et *Les Résistants*, l'autre restaurant de Florent Piard, le concepteur et défenseur de ce projet. Les producteurs s'engagent entre autres à offrir un produit qui a réellement du goût, à respecter le bien-être animal et les cycles naturels, à choisir un système de production durable et extensif, à travailler selon une agriculture paysanne et biologique. À cette charte s'ajoutent d'autres critères voulus par les deux restaurants comme de la viande et des produits issus d'élevages de races rustiques ou locales, nourries naturellement et sont évidemment proscrits l'ensilage dans l'alimentation bovine, les traitements antibiotiques, les légumes hybrides, les additifs, les levures exogènes… *L'Avant-Poste* ne se contente pas d'acheter tous ces produits pour le chef, ils sont aussi mis à disposition du grand public via les « paniers de résistance » en soutien à l'agriculture paysanne que l'on peut se faire livrer ou récupérer chez *Les Résistants*.

Retrouvez notre carnet d'adresses page 192

Courge pomme d'or, olives tanche et mandarines tangor murcott

POUR 4 PERSONNES

4 courges pomme d'or de chez Fabienne et Grégoire Desnoulez
80 g d'olives tanche
1 échalote
40 g d'oranges confites
2 mandarines tangor murcott
Huile d'olive
Sel

❶ **LA COURGE** Préchauffez le four à 200 °C. Lavez les courges et déposez-les sur une plaque allant au four. Badigeonnez-les d'huile d'olive et salez. Enfournez pour 10 à 15 minutes jusqu'à ce que les courges soient légèrement dorées. Laissez refroidir complètement puis coupez le haut de chaque courge et retirez la chair à l'aide d'une cuillère. Conservez coques et chapeaux.

❷ **LA FARCE** Passez la chair de courge au tamis pour retirer les graines. Hachez les olives, l'échalote épluchée et la moitié des oranges confites. Pressez le jus d'une mandarine et mélangez-le avec les olives, les oranges confites, l'échalote et la chair de courge tamisée. Rectifiez l'assaisonnement si nécessaire puis remplissez les coques de farce.

❸ **LA FINITION** Mixez le reste d'oranges confites avec un peu d'huile d'olive de façon à obtenir une purée. Épluchez la seconde mandarine, prélevez les suprêmes et détaillez-les en gros dés.

❹ **LE DRESSAGE** Déposez un trait de purée d'oranges confites dans les 4 assiettes puis les courges farcies avec leur chapeau. Enfin, décorez avec les dés de mandarine.

Échalotes glacées au vin blanc et risotto au sarrasin

POUR 4 PERSONNES

300 g d'échalotes du Père Lapin
400 g de sarrasin de Thierry Bonnier
50 cl de vin blanc
80 g de beurre
1 pincée de sucre
Sel

❶ LE SARRASIN (À PRÉPARER LA VEILLE) Mettez le sarrasin à tremper pendant 12 heures dans 2 fois son volume d'eau.

❷ LE JOUR J Égouttez le sarrasin et rincez-le bien. Prélevez-en 80 g. Dans une poêle, faites mousser 50 g de beurre. Une fois le beurre bien mousseux, versez le sarrasin et remuez de façon à le nacrer. Conservez un feu assez vif en restant vigilant sur la coloration et laissez cuire 8 minutes environ. Une fois le sarrasin bien grillé, débarrassez sur une plaque et salez.

❸ LES ÉCHALOTES Épluchez et rincez les échalotes. Dans une poêle de taille adaptée, déposez les échalotes bien à plat en prenant soin de ne pas les superposer. Couvrez à hauteur de vin blanc (gardez-en pour le risotto) et d'eau. Ajoutez une noisette de beurre, une pincée de sel et le sucre. Chauffez à feu moyen et laissez cuire jusqu'à totale évaporation des liquides. Baissez légèrement le feu et finissez la coloration. Débarrassez sur une petite plaque allant au four.

❹ LE RISOTTO DE SARRASIN Dans une casserole, faites fondre une noisette de beurre. Ajoutez le reste de sarrasin, et mouillez avec le reste de vin blanc et de l'eau. Salez légèrement et poursuivez la cuisson à feu moyen. Remuez très régulièrement pour éviter que le sarrasin n'accroche au fond de la casserole. Vérifiez la cuisson et versez de l'eau (petit à petit) si nécessaire.

❺ LA FINITION ET LE DRESSAGE Préchauffez le four à 180 °C et enfournez les échalotes simplement pour les réchauffer. À l'aide d'un emporte-pièce, répartissez le risotto de sarrasin dans chaque assiette. Recouvrez-le d'échalotes confites et saupoudrez de sarrasin grillé.

Épaule de cochon, betteraves, cresson de Para, huile d'estragon et pickles de radis roses

POUR 4 PERSONNES

400 g d'épaule de cochon de Sophie Nédellec
1 l de jus de betterave
500 g de betteraves type robuschka
1 oignon
4 gousses d'ail
80 g de beurre
1 petit bouquet de cresson de Para
Huile d'olive
Sel

LES PICKLES
500 g de radis roses
50 g de sucre
100 g de vinaigre de cidre
200 g d'eau

L'HUILE D'ESTRAGON
200 g d'huile d'olive
1 branche d'estragon

❶ **L'HUILE D'ESTRAGON (À PRÉPARER LA VEILLE)** Faites tiédir l'huile d'olive dans une casserole de façon à atteindre environ les 70 °C. Hachez grossièrement l'estragon et jetez-le dans l'huile. Laissez infuser hors du feu en couvrant jusqu'à complet refroidissement. Versez dans un récipient bien hermétique et laissez infuser au moins 12 heures.

❷ **LES PICKLES DE RADIS ROSES (À PRÉPARER LA VEILLE)** Lavez les radis roses et taillez-les en 8. Déposez-les dans un saladier ou un grand bocal.
Dans une casserole, versez le sucre, le vinaigre et l'eau. Portez à ébullition et versez sur les radis. Laissez mariner au moins 12 heures.

❸ **LE COCHON ET LES BETTERAVES** Lavez les betteraves et l'oignon et épluchez-les. Écrasez les gousses d'ail. Taillez l'épaule de cochon en 4 morceaux. Dans un rondeau ou un plat en fonte, colorez les morceaux de cochon à l'huile d'olive et salez.
Une fois les morceaux colorés d'un côté, ajoutez l'oignon, l'ail écrasé et les betteraves entières avec une noisette de beurre. Laissez légèrement colorer puis mouillez avec le jus de betterave. Complétez avec un peu d'eau si nécessaire.
Faites cuire à feu doux au moins 3 heures en prenant soin de ne jamais faire bouillir le tout. Il est important que la viande cuise à petits frémissements.
Vérifiez la cuisson de la viande, elle doit s'effilocher toute seule. Laissez refroidir dans le bouillon. Une fois l'ensemble refroidi, taillez les betteraves en quartiers.

❹ **LA SAUCE** Prélevez la moitié du bouillon de cuisson et versez-le dans une casserole. Faites légèrement réduire. Rectifiez l'assaisonnement.

❺ **LA FINITION ET LE DRESSAGE** Disposez la viande et les quartiers de betteraves dans des assiettes creuses et recouvrez généreusement de sauce réduite. Versez quelques gouttes d'huile d'estragon, décorez de quelques pickles de radis et de cresson de Para.

Navets type hâtif infusés au foin, compote de pommes, chou kale et poudre de persil

POUR 4 PERSONNES

4 pommes type pinova
12 navets de taille moyenne type hâtif de la ferme ô VR
1 bouquet de chou kale
1 belle poignée de foin
1 botte de persil
Beurre
Sel et gros sel
Huile d'olive

❶ LA POUDRE DE PERSIL (À PRÉPARER LA VEILLE) Répartissez la botte de persil lavée et hachée grossièrement sur une plaque propre allant au four et laissez sécher à four chaud mais éteint pendant toute une nuit. Si le persil n'est pas tout à fait sec au matin, réchauffez le four et laissez sécher encore un peu. Une fois bien sec, mixez finement en prenant soin d'avoir un matériel totalement sec.

❷ LA COMPOTE DE POMMES Lavez et épluchez les pommes (conservez-en une). Réservez les épluchures pour la cuisson des navets. Retirez le trognon et taillez les pommes en quartiers. Dans une casserole, versez un fond d'eau avec une noisette de beurre et du sel. Déposez les quartiers de pommes et faites cuire tout doucement. Laissez s'évaporer tranquillement le jus de cuisson en prenant soin de ne pas brûler la préparation. Mixez et débarrassez.

❸ LES NAVETS ET LE CHOU KALE Lavez les navets et le chou kale. Épluchez les navets et déposez-les dans une casserole. Ajoutez les épluchures de pommes, une poignée de gros sel, un peu d'huile d'olive et le foin. Mouillez 1 cm au-dessus des navets et laissez cuire à feu moyen. Après 15 minutes de cuisson, retirez le foin et les épluchures et poursuivez la cuisson 10 minutes. Deux minutes avant la fin de la cuisson, ajoutez le chou kale.

❹ LA FINITION ET LE DRESSAGE Épluchez et taillez la dernière pomme en julienne.
Dressez un trait de compote. Répartissez harmonieusement les navets et le chou kale.
Déposez de la julienne de pomme un peu partout dans l'assiette pour apporter de la fraîcheur et saupoudrez de poudre de persil.

Courge sucrine du Berry, granité à la lime de Tahiti, cédrat corse et miellat du maquis corse

POUR 4 PERSONNES

400 g de courge sucrine du Berry
400 g d'eau
100 g de sucre
100 g de miellat
1 lime de Tahiti de Jean-Marc Gandoin
1 à 2 quartiers de cédrat confit

LA MERINGUE
100 g de blancs d'œuf
100 g de sucre semoule
100 g de sucre glace

❶ **LA COURGE** Lavez la courge puis, à l'aide d'une mandoline, taillez des rondelles de 1 mm d'épaisseur dans la partie pleine – c'est-à-dire sans pépins.

❷ **LE SIROP ET LE GRANITÉ** Versez l'eau dans une casserole. Ajoutez le miellat et le sucre. Zestez la lime et ajoutez les zestes. Portez à ébullition et vérifiez que le sucre soit bien dissous. Ajoutez les rondelles de courge dans la casserole. Couvrez et laissez cuire 4 minutes environ. Débarrassez les courges délicatement sans les casser. Filtrez le jus de cuisson. Versez-le dans une boîte et mettez-la au congélateur. Remuez toutes les 30 minutes avec une fourchette jusqu'à complète congélation soit au minimum 4 heures.

❸ **LA MERINGUE** Préchauffez le four à 90 °C. Fouettez les blancs d'œuf et ajoutez progressivement le sucre semoule. Une fois les blancs bien fermes, ajoutez le sucre glace d'un coup et mélangez à l'aide d'une maryse. Versez dans une poche à douille. Formez vos meringues sur une plaque de la forme que vous souhaitez. Faites cuire pendant 1 heure environ.

❹ **LA FINITION ET LE DRESSAGE** Roulez les rondelles de courge et enroulez-les de façon à obtenir une belle fleur. Taillez les morceaux de cédrat confit et disposez-les sur la fleur. Déposez des brisures de meringue puis à l'aide d'une fourchette, grattez un peu de granité et répartissez-le dans l'assiette.

Tartelette aux pommes reinette du Vigan, gwell

POUR 4 PERSONNES

LA COMPOTE
6 pommes reinette du Vigan
1 noisette de beurre

LA PÂTE SABLÉE
150 g de beurre
250 g de farine
95 g de sucre glace
30 g de poudre d'amandes
1 œuf

LE GWELL
200 g de gwell de la Ferme des 7 chemins
100 g de crème crue

LA FINITION
QS de sucre semoule

❶ **LA PÂTE SABLÉE** Taillez le beurre en morceaux. Déposez-les dans un saladier avec la farine. Mélangez du bout des doigts puis ajoutez le reste des ingrédients jusqu'à obtenir un mélange homogène. Filmez la pâte et laissez reposer au moins 4 heures.

❷ **LES POMMES** Épluchez 4 pommes, retirez et jetez les trognons et taillez les pommes grossièrement. Dans une casserole avec un tout petit d'eau et du beurre, faites revenir les pommes à feu doux. Quand elles commencent à se désagréger, débarrassez.

❸ **LE GWELL** Mettez le gwell et la crème crue dans un batteur ou un saladier et fouettez de façon à obtenir une crème bien foisonnée. Débarrassez au frais.

❹ **LA FINITION** Préchauffez le four à 170 °C. Étalez la pâte sablée sur un plan de travail fariné et disposez-la dans un plat à tarte pour 4 personnes. Garnissez généreusement de pommes cuites et étalez. À l'aide d'une mandoline, taillez des rondelles de 1 mm dans les 2 pommes mises de côté. Disposez harmonieusement les rondelles sur la tarte et saupoudrez légèrement de sucre semoule. Recouvrez de papier sulfurisé et couvrez avec un autre plat à tarte afin d'aplatir le tout. Enfournez pour 15 à 20 minutes.

❺ **LE DRESSAGE** À la sortie du four, retirez le plat à tarte puis le papier sulfurisé. Laissez refroidir de façon à servir tiède. Servez avec une quenelle de crème. Décorez de dés de pomme fraîche et saupoudrez de sucre semoule.

Le MARCHÉ de 180°C

des recettes et des hommes

L'automne est là, la rentrée derrière nous. On croise les doigts, propres de gel hydro-alcoolique, pour que la Covid-19 ne soit plus que le mauvais rêve d'une mauvaise soirée qui n'aura que trop duré. On sourit à la saison qui s'installe, en retenant son souffle, comme pour garder une dernière bulle d'oxygène au fond de nous, vestige des magnums de rosé avalés. Parce que, oui, l'été, on l'a bouffé, jusqu'à plus faim, en séance de rattrapage d'une vie mise entre parenthèses. Il n'y a plus qu'à continuer dans cette lancée et donner à la mélancolie de l'automne des couleurs de bonheur. La saison change, les nouveaux produits pointent leurs couleurs, prêts à s'offrir à la créativité d'une cuisine investie.

TEXTES ET RECETTES
STÉPHANE REYNAUD

STYLISME
DELPHINE BRUNET

PHOTOGRAPHIES
ÉRIC FÉNOT

L'ANCHOIS FRAIS

Anchois ch'est bon

Petit poisson de 20 centimètres maximum que l'on rencontre dans la plupart des mers, l'anchois se déplace en bancs et est pêché en chalut pélagique à l'aide de rissoles. Privilégiant les zones côtières, l'anchois navigue dans des eaux jusqu'à une profondeur de 150 mètres. Ce petit poisson est une source majeure d'oméga-3, de fer et de vitamine D. Un concentré de bienfaits. Juste grillé, il a un goût subtil d'iode. Frit, il se mange entièrement. En escabèche, avec un peu d'huile d'olive et de citron, il éclaire les apéros anisés. Mariné et salé, il joue un beau rôle dans la cuisine méditerranéenne, salade niçoise, pissaladière, anchoïade... Autant de préparations pour mettre en avant ce poisson, pas peu fier de son indication géographique protégée du côté de Collioure.

Anchois confits au four à se lécher les doigts

POUR 6 PERSONNES

1 kg d'anchois frais
6 gousses d'ail
½ botte d'estragon
⅓ de baguette sèche
20 cl d'huile d'olive
Fleur de sel
Mignonnette de poivre

❶ Appuyez sur le ventre des poissons afin d'en sortir les tripes puis rincez et séchez les anchois dans du papier absorbant.

❷ Lustrez à l'huile d'olive un plat allant au four. Disposez les anchois côte à côte sans qu'ils se chevauchent, le ventre sur le plat. Épluchez les gousses d'ail, effeuillez l'estragon et mixez le tout avec la baguette grossièrement émiettée. Assaisonnez cette panure.

❸ Préchauffez le four à 160 °C.

❹ Recouvrez les anchois de panure et arrosez généreusement d'huile d'olive. Enfournez pour 40 minutes afin de confire complètement les anchois. Laissez refroidir à température ambiante.

❺ On mange tout !

Merci à nos amis de chez Bottes en ville pour ce beau cuissot venu tout droit des forêts vosgiennes.

LE CHEVREUIL

Gibier à poils habillé pour l'hiver

Le chevreuil est le plus petit cervidé de nos forêts. Animal extrêmement agile et rapide qui mesure jusqu'à 70 centimètres au garrot pour un poids variant de 17 à 25 kilos, le chevreuil porte des bois qui tombent chaque année. Reconnaissable à son pelage tacheté durant les deux premières années de sa vie, ce dernier vire au roux au printemps pour tendre vers le brun en automne. Ne trouvant plus de prédateurs naturels en France, c'est donc l'homme qui, à travers la chasse, devient gestionnaire de l'espèce. En effet, cet herbivore gourmet adore les jeunes pousses des arbres, les bourgeons, qu'il trouve naturellement dans les milieux forestiers. C'est un bon régulateur de la végétation dans son écosystème. Cependant, les cultures d'hiver et de printemps du monde paysan lui ont permis de sortir des bois pour investir les champs et il est devenu un nuisible pour les végétaux, qui peut, seul ou en bande, anéantir cultures et plantations. On estime qu'il y aurait 1,5 million d'individus en France et un tiers de la population est chassée chaque année. Sa viande est maigre, mais riche en protéines. Il est préférable d'acheter un animal chassé qui aura su se nourrir et non un animal d'élevage bien plus fade d'autant que cette viande joue les équilibristes de saveurs en se permettant des alliances acidulées, des mariages rustiques. Bref, une panoplie infinie pour tout cuisinier.

En mode début de siècle, grand veneur siouplé...

POUR 6 PERSONNES

1,5 kg d'épaule de chevreuil
150 g de lard gras salé
2 carottes
2 oignons
4 gousses d'ail
1 poireau
100 g de beurre
1 c. à s de farine
50 cl de bon vin rouge type côtes-du-rhône
50 cl de fond de gibier ou fond de veau
12 choux de Bruxelles
6 navets fanes
6 carottes fanes
2 carrés de chocolat noir
1 c. à s de gelée de groseille
Sel, poivre

❶ Coupez l'épaule en morceaux de 50 g et le lard en petits cubes. Épluchez les carottes, les oignons, les gousses d'ail et émincez le tout ainsi que le poireau.

❷ Préchauffez le four à 150 °C.

❸ Dans une cocotte, faites dorer dans 50 g de beurre les dés de lard et les morceaux de viande. Débarrassez et faites de même pour les légumes. Remettez la viande, le lard et la farine. Mélangez bien, mouillez avec le vin rouge et le fond. Salez et poivrez légèrement.

❹ Enfournez à couvert à 150 °C pendant 3 heures en contrôlant régulièrement la cuisson. La viande est cuite quand elle ne résiste pas sous la pointe d'un couteau.

❺ Épluchez et faites cuire tous les autres légumes dans de l'eau bouillante salée en les gardant croquants.

❻ Sortez la viande de la cocotte, ajoutez le chocolat, la gelée de groseille, le reste de beurre. Fouettez et rectifiez l'assaisonnement puis réchauffez tous les légumes dans la sauce avec la viande.

En mode copain, terrine retour de chasse

POUR UNE TABLÉE D'AFFAMÉS

400 g de viande de chevreuil
150 g de poitrine fumée
300 g de gorge de porc
400 g d'échine de cochon
30 g de trompettes des morts séchées
5 cl d'armagnac
ou 15 cl par jour de grande soif
15 cl de porto rouge
4 gousses d'ail
3 échalotes
1 c. à c. de poivre Timut
1 c. à c de baies de genièvre
20 g de sel
80 g de noisettes torréfiées
10 feuilles de sauge
15 tranches fines de poitrine fumée
2 c. à s d'huile d'olive
Sel et poivre

❶ Coupez la moitié de la viande de chevreuil et la poitrine fumée en petits cubes de 1 centimètre. Mettez à mariner avec le porto et 5 cl d'armagnac (sirotez tranquillement les 10 cl restants). Conservez au frais.

❷ Épluchez et hachez grossièrement l'ail et les échalotes. Dorez-les dans une poêle avec l'huile d'olive. Versez les trompettes des morts dans l'eau bouillante pendant 15 minutes puis égouttez-les et hachez-les grossièrement.

❸ Hachez le reste de viande de chevreuil avec la gorge et l'échine (au hachoir et non au robot). Mélangez le tout avec les viandes marinées et la marinade. Ajoutez les trompettes, le poivre Timut, les baies de genièvre hachées, le sel et les noisettes.

❹ Préchauffez le four à 160 °C.

❺ Remplissez le moule à terrine en tassant bien. Déposez les feuilles de sauge sur le dessus et recouvrez avec les fines tranches de poitrine en les faisant se chevaucher. Bordez sur les côtés et enfournez pour 45 minutes.

❻ Laissez reposer au moins 24 heures avant de déguster.

LA POITRINE DE COCHON

Le saint des saints du cochon

Les cochonneries sont souvent jouissives, la poitrine de cochon ne déroge pas à la règle. Un cochon sans gras, c'est comme un bouquet fané, ça ne sert à rien. Le gras, c'est le goût et, le goût, c'est la vie. La poitrine de cochon a tous les atouts pour satisfaire les papilles acérées du moins gourmand des gourmands, de la viande filandreuse et goûteuse, un gras qui va fondre au fil des heures de cuisson et une couenne qui n'attend que de croustiller. Il est bien évidemment important de savoir ce que l'on achète, la race du cochon et comment il a été élevé. De nombreux élevages autochtones ont retrouvé vie grâce à des passionnés, le cochon grandit au milieu d'espaces naturels, se nourrissant à volonté de céréales, raclant la terre à la recherche de vers et de racines, pour grossir tranquillement et nous offrir un corps généreux, une chair bien recouverte d'un gras blanc et d'une couenne épaisse. On oublie alors les pollutions au nitrate et la surpopulation au mètre carré. Et on se souvient que certains cochons tel le noir de Bigorre ont les mêmes propriétés que l'huile d'olive.

Laquée pomme-pomme

POUR 6 PERSONNES

1,5 kg de poitrine de cochon désossée mais avec couenne
8 gousses d'ail
1 c. à s. de graines de coriandre
1 c. à s. de graines de cumin
20 cl de sauce soja sucrée
20 cl de jus de pomme
1 c. à s. de harissa
6 pommes granny smith
Le jus de 2 citrons
½ botte de coriandre
Fleur de sel

❶ Épluchez les gousses d'ail et hachez-les finement. Torréfiez les graines de coriandre et de cumin à la poêle, puis écrasez-les au mortier.

❷ Incisez à l'aide d'un cutter la couenne de la poitrine tous les centimètres. Mélangez la sauce soja avec le jus de pomme puis ajoutez l'ail, les épices écrasées et la harissa. Déposez la poitrine dans un plat allant au four – couenne au-dessus – et couvrez de marinade. Filmez et laissez au frais pendant 6 heures.

❸ Préchauffez le four à 180 °C.

❹ Enlevez le film, salez généreusement la couenne, enfournez pour 1 heure. Versez un peu de jus de pomme si nécessaire. Baissez la température à 150 °C et poursuivez la cuisson 1 h 30.

❺ Coupez 3 pommes en 2. Ôtez le cœur et disposez-les autour de la poitrine. Poursuivez la cuisson encore 30 minutes (la poitrine doit être entre fondante à cœur et la couenne croustillante).

❻ Réalisez une grosse julienne avec les pommes restantes. Mélangez-la avec le jus des citrons et ajoutez les pluches de coriandre.

❼ Servez un morceau de poitrine, une demi-pomme, du jus de cuisson et recouvrez de julienne de pommes à la coriandre. Parsemez de fleur de sel.

LE MONT D'OR

Fromage à médaille

Le mont d'or ou vacherin du Haut-Doubs est un fromage au lait de vache à pâte molle et croûte lavée produit à 700 mètres d'altitude au cœur du Jura. Fromage saisonnier, annonciateur de l'automne, autrefois réservé aux vachers, il bénéficie d'une AOP depuis 1981. Il est produit à partir du lait de vaches de race montbéliarde ou simmental transformé dans un délai de vingt-quatre heures. Le caillé est moulé puis cerclé par une sangle d'épicéa, trait de caractère de ce fromage. Il sera ensuite frotté au sel et retourné pendant les vingt et un jours de son affinage. Déposé dans une boîte un peu étroite pour lui, il va alors plisser... comme les montagnes du Haut-Doubs. Sa fabrication est autorisée du 15 aout au 15 mars pour une consommation du 10 septembre au 10 mai. C'est un fromage crémeux qui peut satisfaire à l'appétit d'une tablée d'affamés comme plat principal. Il sera alors servi chaud, arrosé de savagnin directement dans sa boîte, accompagné de pommes de terre et de charcuterie. L'automne est là, nous aussi.

Tartiflette du Haut-Doubs

POUR 6 PERSONNES

1 mont d'or de 400 g
2 saucisses de Morteau
1 kg de pommes de terre
4 oignons
1 bouteille de vin blanc du Jura
60 g de raisins secs
2 c. à s. d'huile d'olive
Mignonnette de poivre

❶ Épluchez les pommes de terre et faites-les cuire avec les saucisses dans un grand volume d'eau pendant 20 minutes. Coupez pommes de terre et saucisses en rondelles. Épluchez et émincez les oignons. Faites-les fondre dans une poêle avec l'huile d'olive.

❷ Préchauffez le four à 180 °C.

❸ Faites un trou au centre du fromage. Versez-y 10 cl de vin blanc et enfournez-le jusqu'à ce que la pâte soit fondue.

❹ Dans un plat, disposez une couche de pommes de terre. Recouvrez d'oignons. Parsemez des raisins et disposez les rondelles de saucisse. Recouvrez de fromage fondu et enfournez pour 10 minutes. Poivrez et servez. Attention, le fromage et la saucisse sont déjà très salés, inutile d'en ajouter.

❺ Dégustez avec le reste de vin blanc.

SPARASSIS CRÉPU

Motown en assiette

Les bottes en caoutchouc tapent de la semelle dans les bois humides, le panier calé sous l'avant-bras gauche, l'opinel dans la main droite, c'est parti pour la cueillette du jour que nous espérons heureuse. C'est le temps où l'humus se développe, où les « bons et méchampignons » colonisent les parterres. Alors, attention à ne pas se tromper, on ne ramasse que ceux que l'on connaît. Les écouteurs bien ancrés dans les oreilles, on progresse avec ABC des Jackson Five : « ABC / Easy as one, two, three / Ah, simple as Do Re Mi / ABC, one, two, three / Baby, you and me, girl... » *Les bois se font denses, les pas se font danse, on est bien. Quand... au pied d'un conifère apparaît le champignon tant attendu, le sparassis crépu. N'allez pas imaginer une maladie honteuse. Non, il s'agit d'un gros champignon, généreux comme une chevelure crépue, à la couleur crème, au goût délicat de morille. Youpi ! En une prise, le panier est quasi rempli. Nettoyage en règle pour enlever les restes de terre qui peuvent s'immiscer à l'intérieur de la bête, séchage dans du papier absorbant et vous voilà prêt à sublimer celui que l'on appelle aussi la morille blanche. La saison est courte, mais le plaisir immense.*

À la crème

POUR 6 PERSONNES

1 kg de sparassis crépu
4 gousses d'ail
3 échalotes
80 g de beurre
20 cl de muscat de Rivesaltes
10 cl de pastis
40 cl de crème liquide
200 g de châtaignes en bocal
1 c. à c de fécule de maïs
Sel et poivre

❶ Nettoyez délicatement le sparassis crépu. Si vous êtes pressé, laissez tomber. Si vous êtes patient, poursuivez.

❷ Épluchez et émincez les gousses d'ail et les échalotes puis faites-les revenir au beurre dans un rondeau. Ajoutez le champignon entier et laissez cuire 10 minutes à feu doux. Déglacez avec le pastis et flambez. Versez le muscat puis les trois quarts de la crème et ajoutez les châtaignes. Laissez mijoter 10 minutes.

❸ Délayez la fécule de maïs dans le restant de crème liquide froide. Ajoutez le tout à la préparation et laissez cuire à nouveau 10 minutes. Salez, poivrez, dégustez.

COURGE BLEUE DE HONGRIE

Même pas peur

Pas besoin d'une grosse frayeur pour trouver du bleu dans la nature. Cette couleur dite non alimentaire apparaît sur la peau de cette cucurbitacée. Pour briller au prochain dîner, vous pouvez l'appeler par son nom hongrois, Nagydobosy sütökok, *et de simple amateur vous passerez au statut d'ingénieur agronome. La chair de ce légume est orangée, dense, douce et sucrée. Cette courge magnifie la soupe, se décline en gratin, se rôtit au four ou se déguste en tarte. Toutes ces possibilités de cuisine sont les bienvenues : la courge bleue de Hongrie pèse entre 4 et 8 kilogrammes. Mieux vaut avoir une grande famille ou très faim. Pour optimiser sa conservation, il est indispensable de l'acheter avec son pédoncule intact. Gardez-la dans un endroit sec et ventilé avant de la plonger dans vos casseroles.*

CHOU VERT

Chouchou du moment

Le chou vert est comme de nombreux légumes, une source de bienfaits. Ce légume de la famille des crucifères, très cher à Belzébuth, est un concentré de nutriments, notamment de vitamine C. Il est aussi riche en fibres, en bêtacarotène et en magnésium. De plus, il a un côté rassasiant et est très faible en calories. On retrouve ce légume en culture depuis plus de 4 000 ans. Utilisé à des fins thérapeutiques comme un pansement dans l'antiquité, il a su grâce à son goût sucré gagner les cuisines pour intégrer de nombreuses recettes. Le chou vert apparaît aujourd'hui comme un aliment permettant une lutte active contre le cancer. Il est riche en glucosinolates, molécules hydrosolubles aidant à la diminution du développement des cellules cancéreuses. Il est donc préférable de manger le chou cru, en salade, juste poêlé avec quand même un peu de lard... Et comme le chou a longtemps été la nourriture principale des cochons de ferme, du coup l'un cuisiné avec l'autre, ce sont les Laurel et Hardy de la cuisine. Un must.

Courge bleue de Hongrie en gratin croustillant

POUR 6 PERSONNES

1 courge bleue de Hongrie de 1,5 kg
3 oignons doux des Cévennes
1 c. à c. de muscade
1 c. à s. de sucre cassonade
15 cl d'huile d'olive
120 g de beurre demi-sel
80 g de farine
40 g de poudre d'amandes
1 c. à c. de romarin séché
100 g de roquefort
Sel et poivre

❶ Épluchez la courge, épépinez-la puis taillez-la en cubes de 1 cm. Épluchez et émincez les oignons doux.

❷ Dans une poêle, faites revenir à feu doux pendant 15 minutes dans l'huile d'olive, les oignons et les cubes de courge avec le sucre et la muscade. Salez, poivrez.

❸ Mélangez le beurre ramolli avec la farine, la poudre d'amandes, le romarin afin d'obtenir une pâte friable. Taillez le roquefort en cubes.

❹ Préchauffez le four à 180 °C.

❺ Disposez la poêlée de cubes de courge dans un plat à gratin. Saupoudrez d'appareil à crumble, parsemez de dés de roquefort et enfournez pour 20 minutes.

Chou vert en soupe parce que c'est de saison

POUR 6 PERSONNES

1 chou vert
4 carottes
3 échalotes
6 tranches de jambon sec
6 gousses d'ail
2 feuilles de laurier
30 cl de crème liquide
3 tranches de pain de mie
100 g de cerneaux de noix
10 cl d'huile d'olive
80 g de beurre
Sel et poivre

❶ Émincez finement le chou. Épluchez les carottes et les échalotes et émincez-les finement ainsi que le jambon. Épluchez les gousses d'ail. Émincez-en 4 et hachez les 2 restantes.

❷ Dans une grande cocotte, faites revenir au beurre le jambon et tous ces légumes sauf les deux gousses d'ail hachées puis mouillez d'eau à hauteur. Ajoutez le laurier. Salez, poivrez et laissez cuire à couvert 45 minutes. Versez la crème et poursuivez la cuisson 15 minutes.

❸ Coupez le pain de mie en petits cubes. Faites-les revenir dans une poêle avec l'huile d'olive, l'ail haché et les cerneaux de noix grossièrement hachés.

❹ Parsemez la soupe de ce mélange.

LE RAISIN

On ne lui lâche pas la grappe

C'est la foire aux vins de partout et on ne sait plus où donner du tire-bouchon. On a soif, très soif. Le vin, c'est l'enfant du raisin, un don de la vigne, magnifié par le vigneron. Mais revenons à nos raisins, ceux qui échappent à la fermentation, pour garnir les corbeilles de fruits et claquer sous la dent. Un fruit produit dans le monde entier à hauteur de 70 millions de tonnes par an, une partie en raisin blanc, une autre en noir. Véritable allié dans la lutte contre les maladies cardiovasculaires, le raisin aide dans les fonctions cognitives. Il est très riche en potassium, manganèse et fer. Bref, manger du raisin, c'est éviter le médecin. Il se consomme nature en guise d'en-cas, mais il accompagne aussi les fromages et la charcuterie, les salades qu'elles soient de fruits ou de légumes et peut aussi être utilisé comme garniture de volailles, macéré à l'alcool. Un incontournable de la saison, on en profite et on se fait plaisir notamment avec un chasselas de Moissac, AOP depuis 1996, une friandise d'une belle couleur dorée à déguster sans modération aux saveurs de cerises, de noisettes, à moins que vous ne préfériez un muscat aux grains croquants, à la couleur bleutée noire et aux arômes musqués. Il existe de nombreuses variétés pour autant de plaisirs à vivre.

Hip's ! Pour quelques soiffards

POUR MOI

1 kg de raisin type chasselas
1 l de grappa
200 g de sucre
1 c. à c. de cardamome blanche
1 bâton de cannelle

❶ Coupez les raisins avec une petite partie de la rafle. Disposez-les dans un bocal hermétique. Ajoutez le sucre, la cardamome, la cannelle et recouvrez de grappa. Fermez hermétiquement et oubliez dans un endroit sombre pendant au moins 2 mois.

❷ Allumez la cheminée, disposez une peau de bête, allongez-vous tranquillement et dégustez.

Gâteau de semoule au muscat

POUR 6 PERSONNES

400 g de raisins type muscat
1 l de lait entier
300 g de sucre
150 g de semoule
4 œufs
3 c. à s d'eau de fleur d'oranger

❶ Faites bouillir le lait. Ajoutez en fouettant 150 g de sucre et la semoule. Laissez cuire à feu doux pendant 10 minutes en remuant sans cesse. Laisser refroidir 10 minutes puis ajoutez les œufs un à un, l'eau de fleur d'oranger et les grains de muscat.

❷ Dans une poêle antiadhésive, faites chauffer le sucre restant jusqu'à obtention d'un caramel clair et versez-le dans un moule à cake. Laissez refroidir.

❸ Préchauffez le four à 180 °C.

❹ Versez la préparation dans le moule et enfournez pour 20 minutes. La cuisson est parfaite quand la pointe d'un couteau ressort propre. Décollez les rebords à l'aide d'un couteau, démoulez et laissez refroidir avec le moule par-dessus. Dégustez froid.

Super production

La dinde rouge des Ardennes reprend son envol

Comme beaucoup de races rustiques, la dinde rouge des Ardennes a failli disparaître de notre patrimoine après la Seconde Guerre mondiale. Sans être encore officiellement sauvée, elle est en passe de retrouver le rang qui fut le sien.

TEXTE
PHILIPPE TOINARD
PHOTOGRAPHIES
ÉRIC FÉNOT

NOMBREUX SONT CEUX qui pensent que pour rendre la chair de la dinde plus moelleuse, cette dernière se doit d'être farcie aux marrons, aux champignons, aux pommes, aux poires ou à la chair à saucisse. Ça peut être le cas pour une dinde blanche élevée en batterie, mais pour une dinde rouge des Ardennes, qui a gambadé sur l'équivalent d'un terrain de football pendant des mois, c'est inutile, selon Isabelle Godefroy, agricultrice et éleveuse de dindes avec son époux Cyriaque à Renneville. Sa recette est simple : du beurre fondu avec du miel qu'elle badigeonne au pinceau sur l'ensemble de la bête. Déposée dans une cocotte sans couvercle, la volaille est cuite quinze minutes au four à 200 °C. Elle la pique ensuite pour que la graisse s'écoule pendant la cuisson, baisse le four à 160 °C, ajoute de l'oignon, de l'ail, du sel, de la sauge, du romarin ou du thym et une ou deux pommes reinette. Et c'est parti

pour trois heures de cuisson à couvert.
À mi-cuisson, elle retourne la dinde sur le flan, le temps pour elle de préparer une purée de pommes de terre et céleri ou de pommes de terre et potimarron et quelques spaetzles pour accompagner ce mets royal.

Se tromper d'Inde

On doit l'introduction de la dinde et du dindon en Europe à de nombreux conquistadors espagnols, dont Christophe Colomb. Convaincu d'avoir découvert l'Inde lors de ses voyages entre 1492 et 1502, Colomb aurait nommé la volaille servie par les indigènes, poule d'Inde et, séduit, en aurait rapporté quelques spécimens en Europe. Ainsi ce volatile sauvage, présent depuis des milliers d'années entre le Canada et le sud du Mexique avant d'être domestiqué par les Amérindiens, se retrouva au début du XVIe siècle sur les tables du « vieux continent ». De nombreux documents l'attestent, le dindon rouge des Ardennes aurait été servi à la table du roi Charles IX lors de ses noces en 1570, mais cette volaille aurait aussi été présentée à sa mère, Catherine de Médicis, lors d'un banquet donné en son honneur à Paris, en 1549. Enfin, Frans Snyders, peintre baroque flamand (1579-1657), spécialisé dans les natures mortes, immortalisa le dindon rouge des Ardennes dans un de ses tableaux, *Vendeur de gibier* (Oslo).
C'est d'ailleurs à cette époque que l'on situe l'apparition de la dinde rouge dans ce département au cours des guerres entre Espagnols et armée des Flandres. Sans doute issue d'un croisement entre un dindon sauvage du Mexique et une dinde noire, la dinde rouge se serait ensuite acclimatée dans la région comme des dizaines d'espèces un peu partout en France dont le bronzé d'Amérique, le blanc de Hollande, le noir de Sologne, le noir du Bourbonnais, le blanc d'Autriche ou, plus récemment, le dindon porcelaine. Ce n'est qu'après la Seconde Guerre mondiale que la dinde rouge fut petit à petit abandonnée au profit du bronzé d'Amérique et du blanc de Hollande jugés plus productifs. À tel point qu'au milieu des années 1980 on estime qu'il ne subsistait dans les Ardennes qu'une cinquantaine de spécimens.

PAGE DE GAUCHE

Cyriaque Godefroy, aviculteur dans les Ardennes, élève en moyenne 4 000 dindes rouges par an. Il est l'un des plus gros éleveurs au niveau national mais, malgré cela, la race n'est pas encore officiellement sauvée.

L'abnégation d'un homme

Nous sommes à la fin des années 1970. Aviculteur à Auge, dans les Ardennes, Jean-Michel Devresse s'interroge sur l'avenir de son métier. Il se souvient avoir vu dans un vieux numéro de *Rustica*, une photo d'un dindon ardennais. Il se met alors en quête de spécimens dans sa région et déniche un mâle et deux femelles de race pure chez Roger Violette, un ancien éleveur du côté de Sedan. Les premiers dindonneaux naissent et le cheptel s'agrandit. Seulement, pour éviter la consanguinité, il est impératif de trouver d'autres adultes. Il prend alors connaissance des résultats obtenus par des éleveurs qui présentent des dindes rouges dans des concours de préservation de races ou de races rustiques puis travaille avec des spécialistes de la génétique et l'Inra. Dans les années 1990, son cheptel de dindes reproductrices dépasse la centaine. Il embarque alors dans sa passion une poignée d'agriculteurs désireux de se diversifier et de participer à la résurrection d'une espèce en voie d'extinction jusqu'à la création de l'Association des producteurs de dindes rouges des Ardennes qui recevra en 2016 le prix de l'agro-biodiversité au Salon de l'agriculture. Parmi ceux qui le rejoignent en 1998, Isabelle et Cyriaque Godefroy installés à une trentaine de kilomètres d'Auge. Cyriaque est depuis toujours dans la grande culture. Sur ses 157 hectares, du blé, de l'orge de printemps pour le malt, du colza, du soja, de la betterave, de la luzerne, des protéagineux et du miscanthus. En parallèle, il élève en plein air, comme son père avant lui, de la volaille Label rouge. Jean-Michel Devresse va le convaincre de passer à la dinde rouge. De l'aveu même de Jean-Michel, Cyriaque y va un peu à reculons, même s'il a déjà le terrain et les bâtiments. Aujourd'hui, une dizaine d'éleveurs pratique la vente directe. La majorité est basée dans le département des Ardennes, d'autres sont installés dans les départements voisins de la Marne, de l'Aisne et de l'Oise, mais aussi en Dordogne, en Normandie, en Corse, dans l'Ain et en Bourgogne. Au total,

CI-DESSUS

Chaque jour jusque novembre, Cyriaque Godefroy ouvre les portes des bâtiments pour offrir aux dindes un accès à un terrain herbeux de la taille d'un terrain de football sur lequel ont été plantés des arbres fruitiers.

PAGE DE GAUCHE

Sur les 157 hectares de l'exploitation, le couple Godefroy cultive du blé, de l'orge, du colza, du soja. Une partie de cette production entre dans la composition de l'aliment donné aux dindes et aux dindons.

CI-DESSUS

Dindes et dindons sont désailés à la naissance pour éviter qu'ils ne s'envolent hors de l'enclos.

8000 à 10000 dindes et dindons rouges seraient élevés chaque année dont 4000 par Isabelle et Cyriaque. Un chiffre encourageant, mais qui, pour autant, ne permet pas de considérer que la race est sauvée.

Éloge de la lenteur

Cent cinquante à cent quatre-vingts jours d'élevage minimum sont nécessaires pour mettre sur le marché une dinde dont le poids en « prêt à cuire » tourne autour de 3,2 kilos contre 6 kilos en moyenne pour un dindon, abattu majoritairement à Noël, même si un frémissement du marché se fait sentir au moment de Thanksgiving. Avant cela, Cyriaque Godefroy aura reçu au cours du printemps, des dindonneaux d'un jour – désailés au laser, car, comme tout oiseau historiquement sauvage, la dinde vole à merveille à l'égal d'un faisan. Les dix premiers jours d'élevage sont critiques. Regroupés par lots, les dindonneaux trouvent refuge sous des lumières chauffantes à 35 °C. Ils vont grandir et développer leur plumage roux dans ces poussinières pendant six à huit semaines avant d'aller s'ébattre sur un parcours herbeux grand comme un terrain de foot sur lequel ont poussé un cognassier, un mirabellier et un cerisier dont les dindes sont friandes. Chez Cyriaque Godefroy, pas de traitement, pas d'antibiotique. Seul nuisible, le renard : « Sur 2 lots de 2000 dindes, j'en commercialise environ 3900. Le renard en mange quelques-unes, souvent des étourdies qui ne regagnent pas à temps le bâtiment le soir venu, les autres pertes sont naturelles : un décès prématuré et inexpliqué, un règlement de compte entre dindes qui peut aller jusqu'à la mort, ou une maladie appelée la pasteurellose aviaire. » L'alimentation ? Le parcours herbeux et les insectes qui vivent là ainsi qu'un aliment composé de blé de l'exploitation mélangé à du maïs et des pois. Le tout complété par des vitamines, des oligo-éléments et des huiles essentielles. À partir de novembre, tout ce petit monde est invité à rester dans les bâtiments où de la poudre de lait est ajoutée aux rations servies à volonté afin de parfaire l'engraissement et de rendre la chair plus moelleuse.

Chefs étoilés et particuliers se régalent

S'il ne gère pas les naissances, Cyriaque n'assure pas non plus l'abattage et préfère le confier à un confrère installé à une vingtaine de minutes de Renneville. Un tiers de la

Retrouvez notre carnet d'adresses page 192.

production est vendu en dinde entière ou dindon (pour 14 convives), un tiers en découpe (les filets de couleur rosé, les pilons, les hauts de cuisse, les cuisses entières et les ailerons) essentiellement pour les restaurateurs et les traiteurs et un tiers en produits transformés. Parmi les clients, des chefs de renom comme Antoine Westermann du *Coq Rico*, à Paris, ou le meilleur ouvrier de France étoilé Michelin, Philippe Mille du *Domaine Les Crayères*, à Reims. Pour vendre, Cyriaque et Isabelle écument les marchés et les épiceries fines. Si 500 dindes sont vendues (15,50 euros le kilo) chaque année à la ferme, les autres sont commercialisées chez des bouchers des Ardennes et des départements voisins qu'ils soient indépendants ou issus de la grande et moyenne distribution. Enfin, il y a les inconditionnels qui habitent à des centaines de kilomètres et qui les commandent par transporteur. Si la grande majorité des dindes est consommée à Noël, il reste cependant la possibilité de goûter les produits transformés. Fabriquée par la ferme du Moulin, à Trélou-sur-Marne, la gamme se compose de terrines, de rillettes (95 % de viande et 5 % de gras de canard), de gésiers confits, de duo de foies, de mousse de foie et de dinde cuisinée au ratafia, au marc de champagne ou à la sauce ardennaise. Le tout selon des recettes imaginées à l'époque par Jean-Michel Devresse qui, bien qu'en retraite loin des Ardennes, continue de divulguer ses conseils à Isabelle et Cyriaque qui ont su, avec brio, poursuivre son œuvre en attendant que leur fils, Guillaume, prenne le relais dans quelques années ⁕

PAGE DE GAUCHE

Moins nombreux, les dindons occupent un bâtiment à part et se nourrissent sur un terrain herbeux qui leur est propre.

DOSSIER SPÉCIAL

La viande sur le billot

ÉTIQUETONS ENCORE MIEUX !

Que de chemin parcouru depuis l'apparition, en 1991, en France, des premiers cas d'encéphalopathie spongiforme bovine (ESB), plus connue sous le nom de maladie de la vache folle. Dans la foulée de cette crise mondiale, au cours de laquelle le consommateur prit conscience que manger pouvait être synonyme d'empoisonnement, lois, décrets, cahiers des charges se sont accumulés pour l'ensemble des filières animales. Aujourd'hui, le consommateur y voit plus clair, mais il est nécessaire d'aller plus loin encore dans la transparence.

PAR PHILIPPE TOINARD

DANS LE RAYON d'une grande surface, deux cuisses de poulet rôti un peu rabougries dans leur conditionnement sous atmosphère protectrice. Pour l'information du consommateur, tout est transparent : « volaille 100 % française, née, élevée et préparée en France » et « sans conservateur, sans arôme ajouté ». Deux mentions auxquelles vient s'ajouter le logo « volaille française ». Non loin, du lapin entier découpé. Le logo « lapin de France » est bien visible et son alimentation est précisée : « 100 % végétaux, minéraux et vitamines ». Enfin, un steak haché pur bœuf avec le logo « viande bovine française ». Au rayon conserves, rien à redire sur les raviolis pur bœuf de marque de distributeur, l'origine « France » de la viande est spécifiée ainsi que sur la sauce bolognaise prête à l'emploi, à l'étage au-dessus, sur laquelle s'affichent le drapeau français et la mention « bœuf français ». Serions-nous dans un monde idéal ? Pas totalement et un passage au rayon surgelés suffit à comprendre que tout n'est pas rose. En témoignent ces filets de poulet saumurés traduits en trois langues sur la face visible « *brined chicken fillets* », « *gepekelde kippenfilets* » et « *filetes de pollo en salmuera* ». Au dos, aucune provenance. Du poulet voyageur sans passeport ni carte d'identité.

Que dit la loi ?

L'étiquetage de l'origine de la viande bovine (lieu de naissance, d'élevage et d'abattage) vendue crue, réfrigérée ou congelée dans les grandes et moyennes surfaces et les boucheries est obligatoire au plan européen depuis 2002. Pour les viandes de porc, de mouton, de chèvre, de volaille également vendues crues, réfrigérées ou congelées et dans les mêmes canaux de distribution, l'étiquetage en France est obligatoire depuis le 1er avril 2015.
Pour l'étiquetage de la viande (bovine, ovine, caprine, porcine et de volaille) en tant qu'ingrédient dans les plats préparés (au moins 8 %), l'origine est également obligatoire en

France depuis le 1er janvier 2017. En 2002, il a été également décidé que l'origine de la viande bovine serait indiquée en France au consommateur en restauration commerciale et collective en salle ou sur le menu. En revanche, rien n'avait été spécifié à l'époque pour les autres viandes sans doute parce qu'il faut toujours un scandale ou une crise sanitaire pour que le politique prenne les décisions. Vous pouviez donc tranquillement apprécier un carpaccio de bœuf de Salers le lundi à la cantine et vous gaver de poulet ukrainien le mardi dans une brasserie. Il a fallu attendre 2020 pour que le tir soit corrigé et qu'une loi (n°2020-699 relative à la transparence de l'information sur les produits agricoles et alimentaires) soit votée par le Sénat en février et par l'Assemblée nationale en mai et paraisse au Journal officiel le 11 juin 2020. Mais, parce qu'il y a un mais, aucune mesure réglementaire prévue par cette loi n'a été prise par le gouvernement comme l'indique le contrôle de l'application des lois. En d'autres termes, la loi a été votée, mais elle n'est pas applicable car le décret est en attente de publication. Et pourtant, le ministre de l'Agriculture et de l'Alimentation, Julien Denormandie, avait annoncé lors d'une interview le 21 avril 2021 sur RMC que, dès l'été 2021, il allait imposer que l'origine de la viande dans toutes les cantines et dans toute la restauration soit indiquée. Il serait temps, Monsieur le Ministre, de taper du poing sur le billot.

Et si nous allions plus loin encore ?

Nous pouvons en convenir, les politiques mettent un temps fou à légiférer sur l'information aux consommateurs surtout quand il s'agit d'alimentaire. En témoigne, cette volonté affichée de clarifier les choses pour la partie bovine dès 2002 alors que les informations relatives à l'étiquetage sur les autres viandes n'ont été rendues obligatoires que treize ans plus tard… et pas partout.
Entre-temps, le consommateur a évolué et beaucoup plus rapidement que le législateur. S'il semble satisfait des lois sur l'étiquetage, le consommateur s'est depuis beaucoup inquiété du bien-être animal et notamment des conditions d'élevage. Et c'est sans doute sur ce sujet que le combat doit prendre forme pour les prochaines années en imaginant un étiquetage qui obligerait à préciser le type de viande que nous mangeons.
C'est timidement le cas pour certaines marques. Ainsi, Reflets de France précise sur sa barquette de 1,3 kilogramme de viande hachée qu'elle est issue d'une race à viande, la limousine, élevée par Éric Battut, agriculteur dans le Massif central et qu'elle profite des pâturages naturels et des bienfaits de ce terroir. Ça ne sous-entend pas que ce soit une viande de grande qualité ou que l'éleveur gagne bien sa vie, mais c'est un bon début. Mais quid du carpaccio de marque distributeur et du steak haché pur bœuf placés juste à côté dans le rayon ? Si aucune mention n'est précisée, cela sous-entend que ces viandes ne sont pas issues de race à viande. On peut donc clairement imaginer qu'elles proviennent d'une vache laitière de réforme qui aura pissé du lait toute sa vie et donné naissance à de nombreux veaux. Même problématique pour nos deux cuisses de poulet rôti un peu rabougries. Si la marque qui met des drapeaux bleu blanc rouge partout sur l'emballage produisait des poulets élevés en plein-air sur un parcours herbeux… elle l'écrirait avec fierté. Ces deux cuisses, qui ne sont peut-être même pas du même animal, proviennent donc d'un élevage en batterie.
La distinction a été faite pour les œufs. Les consommateurs savent exactement d'où ils proviennent et dans quelles conditions les poules ont été élevées. Pourquoi ne pas imaginer la même chose pour les viandes ?
On nous serine depuis des années à propos de la viande « mangez-en moins mais mieux », sauf qu'au lieu de montrer du doigt le vilain consommateur qui mange trop de viande, commençons par culpabiliser ceux qui produisent et distribuent sans se soucier du bien-être animal et de la qualité qui en découle et qui atterrit dans nos assiettes ⁎

Chiffres à l'appui

Qui veut LA PEAU DE LA VIANDE ?

La viande n'a pas attendu l'irruption sur la scène médiatique des défenseurs de la cause animale ni la montée des préoccupations environnementales pour voir sa consommation glisser lentement. Dès les années 1980, elle a commencé à être malmenée par les peurs alimentaires. Les conséquences se sont répercutées sur la courbe de consommation à partir de 1992. Retour sur vingt-cinq ans de défiance.

TEXTE
GÉRALDINE MEIGNAN
ILLUSTRATION
PEPE SERRA
(MÈNSULA STUDIO)
INFOGRAPHIE
BÉNÉDICTE GOVAERT

NOUS CONSOMMONS 86,2 kgec* de viande par an et par personne selon les estimations d'Agreste. Depuis une vingtaine d'années, notre consommation toutes viandes confondues recule, mais viande par viande, c'est tout autre chose (cf. graphique page 112). Si nous n'assistons globalement qu'à un repli de 1 % par an, la tendance commence à s'observer sur les courbes officielles ainsi que dans notre quotidien, notamment à la carte de certains restaurants qui ont enlevé ou réduit la viande à une portion congrue, au menu des cantines où elle n'apparaît parfois qu'une fois par semaine à titre expérimental et jusque dans la liste de courses et dans le panier des jeunes cadres urbains et diplômés.

Des décennies anxiogènes

Au début des années 1980, les premiers signes de baisse sont apparus à une époque où des chercheurs établissent un lien entre l'excès de viande rouge et le risque de maladies cardio-vasculaires. En très peu de temps, le

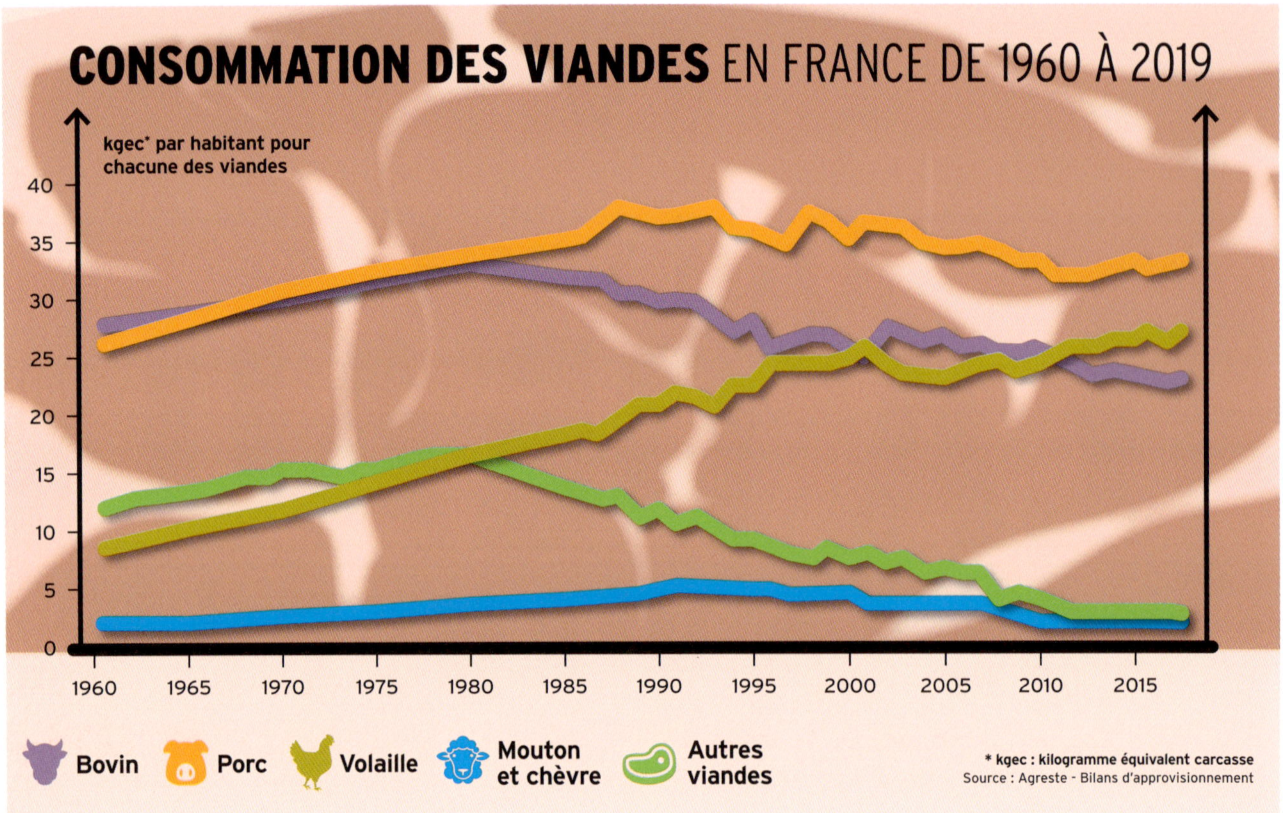

Toutes viandes confondues, la consommation par habitant en France, en 2019, était de 86,2 kgec.

cholestérol devient l'ennemi public n° 1. Jusqu'à ce que l'on découvre bien plus tard que le cholestérol est finalement indispensable au bon fonctionnement de l'organisme. Et qu'une petite partie seulement – un tiers – provient de notre alimentation, ébranlant toutes les certitudes établies. Le sociologue Claude Fischler a coutume d'ironiser sur « ces théories nutritionnelles relayées par les médias avant même d'être solidifiées scientifiquement. Et qui parfois virent à la cacophonie ».

Trop tard, le mal est fait. « De synonyme de bien-être, d'opulence et d'énergie, la viande devient suspecte », raconte Loïc Bienassis, historien spécialiste de l'alimentation. D'autant plus qu'entre-temps, après le scandale du veau aux hormones, la peste porcine et les grippes aviaires, arrive, en 1996, la crise de la vache folle. Cette fois, la viande est soupçonnée de transmettre à l'homme la maladie de Creutzfeldt-Jakob. Il faut se souvenir des images « choc » de vaches britanniques titubantes prises d'étranges convulsions pour prendre la mesure de la psychose collective qui s'est alors emparée des consommateurs. À l'époque les épidémiologistes pronostiquent jusqu'à un demi-million de victimes (on comptabilisera finalement 233 décès). L'occasion pour les Français de se détourner encore un peu plus de la viande bovine. L'affaire des lasagnes de bœuf garnies avec de la viande de cheval en 2013 n'arrange rien, mais jette le doute en particulier sur les plats préparés, notamment surgelés.

À partir de 2015, tout s'accélère. En classant

les produits carnés transformés comme cancérogènes et la viande rouge comme cancérogène probable, l'OMS met les pieds dans le plat. Mais ce n'est rien comparé à l'impact du cinquième rapport d'évaluation du Groupe d'experts intergouvernemental sur l'évolution du climat (Giec) qui aboutira à l'adoption de l'Accord de Paris sur le climat. Les experts pointent alors du doigt la responsabilité des systèmes agricoles en général, de l'élevage en particulier, sur le réchauffement climatique.

Enfin, c'est aussi l'époque où les défenseurs de la cause animale se déchaînent. L'association L214 commence à diffuser des vidéos insoutenables d'élevages de volaille en batteries et de maltraitance animale dans les abattoirs. « Les consommateurs ne peuvent pas y rester insensibles. Pour certains, continuer à manger de la viande, c'est se rendre complice de cette souffrance animale », décrypte le sociologue Éric Bourliez.

Santé, environnement, bien-être animal n'expliquent pas tout

On ne saurait faire l'impasse sur les pressions exercées sur le pouvoir d'achat au fil du temps. Or, « la viande est le premier poste de dépense dans le panier moyen alimentaire des ménages », poursuit Éric Bourliez. Selon un sondage Ifop publié en 2021 pour FranceAgriMer, un quart des Français qui réduisent leur consommation de viande le font pour des raisons financières. Un quart ! Pas étonnant que le porc, particulièrement abordable, soit la viande la plus consommée en France avec 31,5 kgec en moyenne par habitant et par an (charcuteries incluses). Viennent ensuite les volailles avec 27,7 kgec. Les achats de viande de poulet ont doublé en vingt ans alors que la dinde et le lapin souffrent de leurs systèmes d'élevages intensifs. À l'inverse, les viandes réputées chères perdent du terrain. Ainsi la viande bovine a-t-elle été reléguée en 2014 en troisième position avec 22,5 kgec (elle était première en 1960). La consommation de viande ovine ? Elle a été carrément divisée par deux en vingt ans à 2,7 kgec alors qu'elle est « la viande sacrée des trois religions », s'étonne l'historienne Geneviève Cazes-Valette.

Que l'on ne s'y trompe pas. Si la consommation de viande recule, ce n'est pas parce que les adeptes des régimes sans viande gagnent du terrain. Ils ne pèsent toujours guère plus de 2 % de la population. « Le bruit médiatique pourrait laisser penser qu'ils sont bien plus nombreux. Mais c'est une déformation », confirme Geneviève Cazes-Valette. Ce sont les flexitariens, ceux pour qui la viande à tous les repas n'est plus forcément indispensable, qui font bouger les lignes. En attendant l'avènement annoncé d'une nouvelle tribu : les climatériens. Déterminés à lutter contre le réchauffement climatique, ils suppriment, paraît-il, de leur alimentation tout ce qui consomme inutilement du CO_2. Et là, on vous le garantit, la viande ne fera plus cavalier seul. D'ores et déjà en ligne de mire, notre consommation de café et de chocolat. Vous voilà prévenus ⁕

* kilo en équivalent carcasse c'est-à-dire en prenant en compte le poids des os, du gras et des parties non comestibles. Kgec intègre également toutes les formes de consommation à savoir la viande non transformée, mais aussi les plats préparés et les préparations charcutières.

Le GRAND ENTRETIEN

Louis-Marie Martin et Antoine de Lantivy

« Revenir aux choses naturelles : acheter sa bête chez un éleveur, la travailler, la transformer et la valoriser entièrement »

Ils ont du poil au menton, mais pas dans la main. Louis-Marie Martin et Antoine de Lantivy, trentenaires bien installés, l'un dans le monde du vin, l'autre dans celui du droit international, ont tout envoyé valdinguer pour devenir bouchers. Un changement de vie radical, une conception vertueuse de la boucherie et des kilos de convictions. Meat Révolution, leur association, est née en 2019. Une révolution ou un retour au bon vieux temps ?

PROPOS RECUEILLIS PAR VALÉRIE BOUVART
PHOTOGRAPHIES ANNE-CLAIRE HÉRAUD

Antoine de Lantivy (À GAUCHE) *et Louis-Marie Martin dans la boucherie d'Antoine, à Saint-Germain-en-Laye, en avril 2021*

Pour quelles raisons avez-vous changé de vie professionnelle ?

Louis-Marie Martin Associé et gérant d'un bar à vins-caviste, à Paris, j'ai croisé des vignerons, des cuisiniers... puis c'est l'amour de la viande, du geste et de la coutellerie qui a déclenché cette reconversion, en 2011. C'était un pari sur l'avenir : je ne connaissais que trois morceaux, entrecôte, filet et côte de bœuf... Un artisan boucher parisien passionné m'a pris sous son aile. Après un an d'apprentissage et un CAP boucherie, il m'a proposé un poste à responsabilité dans ce métier où, pourtant, la hiérarchie, comme dans la restauration, est très présente. La reconversion était actée et, la boucherie, une révélation.

Antoine de Lantivy Après des études d'avocat, trois ans au Congo dans le secteur minier puis six mois de périph-costard-ordi dans un groupe à La Défense, j'ai décidé de tout arrêter, en 2017. Je voulais me rapprocher du terroir, du concret, du manuel. Le patron de Louis-Marie m'a formé, en alternance avec l'École de la boucherie, et je suis devenu responsable d'une boutique. Au bout de deux ans et demi, j'ai ouvert ma boucherie à Saint-Germain-en-Laye et un atelier de découpe en Corrèze qui me permet de travailler avec des éleveurs locaux et de m'approvisionner. Le but est de maîtriser la chaîne du métier de la viande.

Comment est née l'association Meat Révolution ?

A. de L. Louis-Marie et moi avons travaillé ensemble 70 heures par semaine. On a fait plusieurs constats : une image vieillissante du métier avec une fédération aux représentants souvent âgés et la difficulté à recruter, à trouver des bouchers motivés et impliqués.

L.-M. M. C'est même une vraie galère. Il y a plus de départs à la retraite que d'apprentis. Ce métier est encore considéré comme une voie de garage... On voulait motiver une nouvelle génération de bouchers et fédérer tous les gens qui s'interrogent sur les métiers de la viande.

A. de L. Se former aux enjeux actuels de la boucherie et savoir y répondre : le local, la traçabilité, l'abattage, le véganisme… On touche à des sujets sensibles et on a vu sur des plateaux télé des bouchers malmenés qui ne savaient pas se défendre. Argumenter, expliquer, ça s'apprend. On organise des formations avec des professionnels de divers horizons.

L.-M. M. Et enfin, le cœur de notre activité, promouvoir une vision vertueuse du métier : acheter en direct chez les éleveurs, les rémunérer au juste prix et les valoriser. Avec l'ambition d'établir une sorte de cahier des charges et un carnet d'adresses autour de cette conception de la boucherie et de ses acteurs.

« Révolution », ce n'est pas un terme anodin et « meat » est un mot anglais. Pourquoi ce vocabulaire pour incarner les nouveaux bouchers français ?

L.-M. M. Il y a eu une révolution dans la cuisine, la pâtisserie, la boulangerie… La boucherie ne demande qu'à faire la sienne !

A. de L. Révolution, c'est peut-être un peu pompeux. La réalité, c'est de revenir aux choses simples, naturelles : aller acheter sa bête chez un éleveur, la travailler, la transformer et la valoriser entièrement… avec les contraintes que cela implique. Un retour à l'essentiel qui s'inscrit dans le renouveau de la gastronomie française.

L.-M. M. On a hésité sur le terme anglais, *meat*. Mais il est important de connaître les évolutions en boucherie dans le monde, aux États-Unis, au Japon… et en Europe, où de nouvelles boucheries émergent. On veut pouvoir échanger, s'inspirer d'autres initiatives. Meat Révolution, tout le monde comprend ! Cela permet de créer des ponts, d'être repéré sur les réseaux sociaux et d'entrer en contact.

Quelles sont les missions de Meat Révolution ?

L.-M. M. Se rencontrer ! On organise une fois par mois un « apéro du boucher » où étudiants, bouchers, éleveurs, consommateurs, cuisiniers, vignerons… peuvent échanger. N'oublions pas que boucher est un métier de convivialité !

Justement, qu'est-ce qu'un boucher qui travaille de façon vertueuse ?

L.-M. M. Ça débute par le « sourcing » du produit. La facilité est de se tourner vers des marchés de gros, d'y faire ses courses comme au supermarché et de revendre la viande avec peu ou pas de travail : un système d'achat-revente où on perçoit une commission. Non pas que le système soit à condamner totalement, tout le monde n'a pas le temps d'aller dans les champs… mais, pour nous, la sélection se fait en direct avec les éleveurs, qui travaillent eux-mêmes vertueusement.

A. de L. L'industrie a faussé le jeu en exigeant des éleveurs qu'ils fassent du volume, et vite, à grand renfort de vaccins, d'antibiotiques, etc. Nous, à l'inverse, on leur dit : prenez votre temps, celui de bien élever vos bêtes. Un cochon « industriel » a 4 à 6 mois d'élevage, les nôtres bénéficient de 18 à 24 mois de vie en plein air, nourris de bonnes choses. Idem pour les volailles : 120 à 150 jours en plein air quand des animaux de batterie sont élevés entre 60 et 80 jours… pour les labellisés ! Évidemment, la chair d'un poulet élevé plus de 100 jours a une autre texture et une autre saveur.

C'est donc le secret d'une bonne viande…

L.-M. M. On n'a rien inventé ! Les cochons, par exemple, élevés longtemps, en plein air et bien nourris, développent un gras naturel, une viande avec un beau persillé, un beau marbré. Même s'il faut parfois expliquer qu'un gras naturel a des qualités que n'a pas un gras industriel… Mais la réaction de certains clients – « Ça me rappelle le cochon de mon enfance ! » – est éclairante. On revient aux valeurs anciennes.

Les races sont-elles un critère de choix ?

A. de L. On s'affranchit des races, c'est le travail de l'éleveur qui compte. Il y a de l'excellente charolaise comme de la mauvaise. Ce n'est pas un hasard si McDonald's fait sa communication sur la race, ça parle aux consommateurs, mais ne certifie en rien la qualité. Ça rassure le client… faussement.

« Il y a de l'excellente charolaise comme de la mauvaise. Ce n'est pas un hasard si McDonald's fait sa communication sur la race, ça parle aux consommateurs, mais ne certifie en rien la qualité. »

Antoine de Lantivy

L.-M. M. Les races, ce sont comme les cépages dans le vin. Un chardonnay n'est pas meilleur qu'un sauvignon. Ce sont deux choses différentes et on peut obtenir un excellent vin ou une piquette avec les deux. C'est dans la culture bouchère française de valoriser la limousine ou la blonde d'Aquitaine car il faut se rappeler qu'avant-guerre chaque région avait sa race, la bazadaise en Gironde, la rouge des prés en Anjou, la parthenaise dans les Deux-Sèvres… De petits rendements peu à peu délaissés, que certains tentent de sauvegarder aujourd'hui. Bien sûr, c'est intéressant de travailler une jersiaise à la toute petite carcasse et au persillé attrayant, mais peu importe la race si le travail est bien fait.

Cette démarche vertueuse a-t-elle un coût pour le consommateur ?

A. de L. Nos prix ne sont pas beaucoup plus élevés qu'en grande surface. On souhaite que la bonne viande reste accessible à tous. On va rogner sur nos marges, mais travailler sur des carcasses entières permet de n'avoir aucune perte en transformant les bas morceaux en pâtés, rillettes, saucisses, etc.
L.-M. M. Le marché industriel a dévalué le prix de la viande, or produire de la viande nécessite du respect, du temps… et de l'argent. Notre discours est : faites-vous plaisir ! Mangez moins de viande, mais de meilleure qualité ! C'est bon pour notre santé, pour les bêtes, pour la santé financière de nos paysans et cela donne du sens à notre consommation.

Mais acheter des bêtes entières n'entraîne-t-il pas une offre plus restreinte ?

Retrouvez notre carnet d'adresses page 192.

A. de L. Bien sûr. Un cochon n'a que deux filets mignons, un bœuf que deux joues… Les grandes surfaces ont habitué le client à une offre prolifique. Ce n'est pas vertueux et ne respecte ni le sens de la terre ni celui de l'élevage. En revanche, si nous n'avons pas la pièce que vous recherchez, nous, artisans bouchers, savons expliquer, conseiller et proposer des alternatives. Nous sommes experts en valorisation de chaque morceau.
L.-M. M. Surtout que la boucherie française est la plus précise au monde en découpe et donc la plus riche en termes d'expression culinaire. On va découper chaque muscle et proposer des morceaux à pot-au-feu, à bourguignon, avec de la gélatine, avec des nerfs, avec des fibres… C'est la gastronomie française qui a engendré ça et c'est ce qui est passionnant dans la boucherie française ⁂

Le vrai du faux

L'IMPACT ÉCOLOGIQUE DE L'ÉLEVAGE

Personne ne le conteste, la viande a un impact sur l'environnement. Mais jusqu'à quel point ? Et de quoi parle-t-on au juste ? À y regarder de plus près ce n'est pas si simple. Entre raccourcis, généralités et contrevérités, il est plus que nécessaire de démêler le vrai du faux.

TEXTE
GÉRALDINE MEIGNAN
ILLUSTRATIONS
PEPE SERRA
(MÈNSULA STUDIO)

L'AFFAIRE EST ENTENDUE. Le lien entre la consommation de viande et le réchauffement climatique est établi : un quart des émissions de gaz à effet de serre en France provient de l'agriculture. Et à lui seul, l'élevage pèse pour 80 % de ces émissions. Entre les ruminants qui émettent du méthane – un gaz à effet de serre autrement plus puissant que le CO_2 –, l'épandage des effluents, les terres agricoles mobilisées et traitées pour nourrir le bétail et les importations de soja OGM, l'élevage aurait donc tout faux. Mais de quoi parle-t-on au juste ? Même les chercheurs ne savent plus parfois où donner de la tête, virevoltent d'une publication scientifique à une autre. Une vraie pagaille.

Par où commencer ?

Prenons les émissions de gaz à effet de serre. On a coutume de dire que produire de la viande émet à l'échelle de la planète 14,5 % de gaz à effet de serre, soit autant, voire davantage, que tous les transports du monde

réunis. À ceci près que ces chiffres, maintes fois rebattus, ne sont pas du tout comparables. Dans ses publications, l'agence spécialisée des Nations Unies pour l'alimentation, la FAO, prend en compte les émissions directes et indirectes de l'élevage (production, alimentation, transformation du bétail, etc.). Rien à voir avec la méthode de calcul du Groupe d'experts intergouvernemental sur l'évolution du climat (GIEC) qui, pour évaluer la part des transports dans les émissions globales de gaz à effet de serre, ne tient compte, lui, que des émissions directes. En prenant en compte les émissions directes et indirectes, les transports en représentent plutôt 30 %. Au-delà de cette mise au point nécessaire, l'impact environnemental de la viande – 14,5 % – recouvre des tas de situations différentes. Non seulement l'empreinte écologique d'une vache sera différente de celle d'une volaille ou d'un cochon, mais elle variera selon le mode de production du bétail, la région, la zone climatique et les services rendus à la nature par l'exploitation agricole. Dit autrement, une vache nourrie à l'herbe qui aura batifolé dans des prairies naturelles aura un impact environnemental bien moindre qu'une autre issue d'un élevage industriel intensif, confinée en batterie et engraissée aux tourteaux de soja OGM importés d'Amérique du Sud. Normal :

« Certaines exploitations de bovins engagées dans des démarches de progrès sont en mesure de générer des crédits carbone. »

Jean-Baptiste Dollé, chef du service environnement à l'Institut de l'élevage

les élevages herbagers contribuent au stockage du carbone dans les sols. Et pas qu'un peu : les prairies et les haies compensent en moyenne l'équivalent de 30 % des émissions de gaz à effet de serre produites par le bétail.
Les éleveurs, conscients de leur impact écologique, n'ont pas ménagé leurs efforts ces dernières années pour améliorer leurs pratiques. Et atténuer leur impact. Les leviers sont connus : baisse de la consommation d'énergie, culture de légumineuses, meilleure utilisation du fumier, gestion efficiente du troupeau, etc. À tel point que des fermes arrivent aujourd'hui à séquestrer davantage de carbone qu'elles n'en émettent. « Certaines exploitations de bovins engagées dans des démarches de progrès sont en mesure de générer des crédits carbone. Elles les commercialisent d'ores et déjà à des entreprises ou des collectivités locales qui souhaitent compenser leurs émissions sur le marché français », décrypte Jean-Baptiste Dollé, chef du service environnement à l'Institut de l'élevage.

On ne va pas se mentir

La neutralité carbone est à la mode, tout le monde cherche à s'en approcher et à la revendiquer. Mais elle soulève un certain nombre de questions. À commencer par l'échelle de temps. « Lorsqu'on émet une tonne de CO_2, la valeur de réchauffement se mesure sur cent ans. Par contre, personne ne sait la durée pendant laquelle le carbone sera stocké dans les sols. Or, si l'agriculteur décide à un moment donné de cultiver sur ses prairies des céréales, le simple fait de labourer son sol relâchera automatiquement le carbone stocké », fait remarquer Renaud Bettin, *lead climate expert* à SweepThePlanet. Plus gênant, « il n'y a pas à ce jour de consensus international pour transcrire la captation de carbone des sols dans l'empreinte environnementale d'un produit », souligne Anne Mottet, ingénieure agronome, chargée de la politique de l'élevage à la FAO. Normal,

ça varie selon la gestion des pâturages et… la fiabilité des données. Vous les voyez venir les steaks étiquetés « neutre en carbone » sans garantie aucune ? Nous, très bien. On en trouve déjà dans les supermarchés au Brésil.

La question de l'eau

Là, ça se corse franchement. Il est encore courant d'entendre, ici ou là, qu'il faut 15 000 litres d'eau pour produire 1 kilogramme de viande de bœuf. C'est peu dire que ça frise la malhonnêteté. Car ce chiffre prend en compte l'eau de pluie bue par l'herbe que mange la vache ! « Il suffirait donc d'enlever les vaches de nos fermes pour que l'eau de pluie tombe ailleurs ? », interroge avec ironie la filière. Là encore, tout est question de méthode de calcul. Une étude de l'Inra est venue rapidement remettre les pendules à l'heure. Ça n'a pas fait un pli : la réalité tourne plutôt entre 550 et 700 litres par kilo. Pas vraiment pareil.

L'empreinte environnementale de l'alimentation animale

L'idée selon laquelle il faudrait en moyenne 10 kilos de protéines végétales pour produire 1 kilo de viande est largement répandue. Des cultures sur lesquelles on déverse des quantités de pesticides et de fertilisants. Mais aussi des tourteaux de soja OGM importés d'Amérique du Sud et issus de plantations gagnées sur des forêts primaires, responsables donc de la déforestation. Or, la France est un gros importateur de soja. Elle en produit en moyenne 400 000 tonnes alors qu'elle en consomme 4 millions par an. La solution ? On la connaît. Il faudrait développer des filières locales de protéines végétales comme la luzerne, la féverole, le pois, mais aussi des variétés de soja adaptées à nos climats. Vaste chantier que le gouvernement a inscrit dans le cadre du plan de relance.
L'idée de compléter la ration de certains animaux avec des insectes pour limiter leur empreinte carbone fait aussi son chemin. On nourrit déjà des volailles et des porcs avec de l'huile dérivée d'insectes. Et la Commission européenne étudie la possibilité de faire de même avec de la farine d'insectes. Sauf pour les ruminants, des fois que le prion, l'agent pathogène de la maladie de la vache folle, prendrait ses aises dans les élevages d'insectes…
Voilà où on en était encore récemment. Jusqu'à ce que des chercheurs décident de prendre en compte, dans leur scénario,

les surfaces agricoles dédiées à l'alimentation du bétail entrant en compétition avec l'alimentation humaine. Or, vu sous ce prisme, toutes les certitudes que l'on avait jusque-là volent en éclats : les élevages de volailles et de porcs ont un impact bien plus important que ceux des ruminants ! Non seulement l'élevage herbager des bovins valorise les prairies permanentes (on l'a vu précédemment), mais « pour produire 1 kilo de protéines de ruminants, il faut cultiver seulement 0,6 kilo de protéines végétales comestibles. Pour le porc et le poulet ? C'est 2 kilos de protéines végétales comestibles dont on a besoin », poursuit Anne Mottet, de la FAO. Dans un scénario où la population mondiale va atteindre près de 10 milliards d'habitants en 2050, ça compte.

Moralité

La question de l'impact environnemental de la viande est éminemment politique, sujette à interprétation, mais surtout très versatile. Par-delà les lignes partisanes, les certitudes peuvent vaciller à tout moment. Par contre, il y a une chose qui a peu de chances de changer. C'est qu'il va nous falloir réduire notre consommation de viande (et accessoirement de lait). Et pas qu'un peu. Entre moins 20 % et moins 50 % selon les recommandations. « Être neutre en carbone d'ici 2050 implique un changement radical des comportements. Et c'est tout de suite qu'il faut agir », rappelle le climatologue Jean Jouzel, ancien vice-président du GIEC. Le défi paraît immense, comme ça. Mais gageons que l'élevage réussira sa mutation en produisant moins mais mieux. Un peu à l'image de la montée en gamme de la filière viticole au début des années 1980 sous l'impulsion d'une génération de vignerons ⁕

Il y a une chose qui a peu de chances de changer. C'est qu'il va nous falloir réduire notre consommation de viande (et accessoirement de lait). Et pas qu'un peu. Entre moins 20 % et moins 50 % selon les recommandations.

STEAKS IN VITRO, la viande infuse

Ce qui n'était qu'un scénario de science-fiction est en passe de devenir une réalité. Les premiers steaks in vitro ont fait leur apparition au menu d'un restaurant à Singapour et nous font miroiter un monde sans souffrance animale, plus résilient et plus sûr sur le plan sanitaire. Vraiment ?

TEXTE
Géraldine Meignan
ILLUSTRATION
Pepe Serra
(Mènsula studio)

IL NE MANQUAIT PLUS QUE ÇA. Des apprentis sorciers, manches de leurs blouses blanches retroussées, cultivent dans des boîtes de Petri des cellules vivantes prélevées sur des animaux pour fabriquer de la viande synthétique. Ce n'est plus de la science-fiction puisqu'elle a déjà été servie dans un restaurant et est en test en Israël. En France, deux start-up – Gourmey (qui déjà développe un foie gras sans gavage ni abattage à partir de cellules naturelles de canard) et Vital Meat – se targuent de nous faire manger d'ici peu de la viande synthétique, appelée aussi viande cellulaire. Ce serait, disent-elles, la solution pour à la fois réduire l'impact environnemental de l'élevage industriel et répondre aux attentes sociétales des consommateurs en termes de santé et de bien-être animal. Tout un programme !

Le risque zéro n'existe pas

Concrètement, que nous réserve cette viande fabriquée à partir de cellules souches ? Cultivée en milieu stérile, elle nous promet d'être plus sûre d'un point de vue sanitaire. Oubliés le recours intempestif aux

Dans cet amas de fibres musculaires cultivé en milieu stérile, va-t-on au moins retrouver les mêmes propriétés nutritionnelles que dans la viande ?

antibiotiques des élevages intensifs, les risques de contamination (E.coli, Listeria, etc.) au moment de l'abattage et la propagation de zoonoses, ces maladies transmissibles entre l'homme et l'animal telle que la grippe aviaire. À ceci près qu'un incubateur peut très bien être accidentellement contaminé par une bactérie au même titre qu'un atelier de steaks hachés dans une usine de transformation. Jean-François Hocquette, chercheur à l'INRAE, l'atteste : « Le risque zéro n'existe pas. Dans nos laboratoires, quand on fait de la culture de cellules, on n'a pas d'autres choix que d'utiliser à titre préventif des antibiotiques et des fongicides. » Mieux vaut avoir ça en tête avant d'engloutir ses premiers nuggets synthétiques.

Et ce n'est qu'une partie du problème. Car, derrière les belles promesses éthiques de l'agriculture cellulaire en termes de bien-être animal se profilent des méthodes peu ragoûtantes. Pour reproduire les cellules, les start-up ont besoin d'un facteur de croissance. Au départ, elles ont eu recours à du sérum fœtal bovin, un véritable cocktail d'hormones ponctionnées lors de l'abattage de vaches gestantes... Forcément, ça casse un peu l'ambiance. Il paraît que c'est terminé tout ça. Une chose est sûre, les *nuggets* de Eat Just commercialisés à Singapour l'utilisent toujours. Les autres ? Investisseurs, *business-angels* et milliardaires n'en finissent pas de dégainer leur carnet de chèques pour trouver, au plus vite, des alternatives. Il faudra bien, quoi qu'il en soit, utiliser des hormones de croissance synthétiques. Mais ça, les start-up se gardent bien de le crier sur les toits. Et on les comprend : en Europe, les hormones comme facteurs de croissance sont interdites dans la production animale. Nathalie Rolland, porte-voix de l'agriculture cellulaire en France tente une piste : « On n'a pas le droit d'en rajouter. Mais rien ne devrait interdire les start-up de mettre la dose qu'il y a dans un animal. »

De quoi se retrouver effleuré par un doute terrible : dans cet amas de fibres musculaires cultivé en milieu stérile, va-t-on au moins retrouver les mêmes propriétés nutritionnelles que dans la viande ? Ce n'est pas qu'on veuille faire les difficiles, mais dans la viande on trouve du fer, de la vitamine B12 et des acides gras essentiels. Ce qui est bien avec l'agriculture cellulaire, c'est qu'on peut ajouter un peu ce qu'on veut : un cortège d'ingrédients pour se rapprocher du goût et de la texture de la viande, mais aussi de quoi « ajuster rapports entre protéines et graisses ou remplacer des graisses saturées par des oméga-3 », souligne Nathalie Rolland (*Le Monde*, 21 avril 2021).

L'impact environnemental de la viande in vitro

Les partisans de la cause animale le répètent en boucle : elle est la solution au réchauffement climatique. Elle nécessite moins de ressources naturelles, mobilise peu de terres agricoles et n'a pas recours à l'élevage industriel. On les croit volontiers, même si tout ça est pour l'instant très théorique. Tant que les usines ne seront pas sorties de terre, il sera impossible d'évaluer l'impact d'une production standardisée à grande échelle. Une étude néerlandaise s'y est essayée en s'appuyant sur des données fournies au compte-gouttes par des start-up. Conclusion : la viande in vitro émettrait moins de gaz à effet de serre que l'élevage uniquement si elle a recours à des énergies vertes. Dans le cas contraire, elle fait mieux que la viande bovine, mais moins bien que la viande de porc ou de volaille. La raison ? La culture cellulaire et le chauffage des incubateurs requièrent beaucoup d'énergie.

Du cash pour baisser les prix

Si elle s'invite un jour dans nos assiettes, la viande synthétique sera un vrai changement de paradigme. Il n'y a pas à en douter. Mais il va falloir résoudre un problème de taille : son prix. C'est à ce jour le principal obstacle à son déploiement. Certes, il s'en est passé du temps depuis la présentation, en 2013, sous les caméras de télévision du monde entier, du premier burger artificiel. Conçu par le chercheur néerlandais Mark Post, il avait alors coûté en développement 250 000 euros. Depuis, les start-up ont brûlé un paquet de cash en recherche et développement pour trouver le moyen de réduire leurs coûts de production. « Dans trois à cinq ans, on aboutira à un prix raisonnable », croit savoir Matthieu Vincent, cofondateur du DigitalFoodLab. Selon le Boston Consulting Group, il va falloir attendre 2032 avant que la viande in vitro devienne aussi compétitive que l'élevage traditionnel. Or, s'il y a une condition à laquelle une frange de la population en France consentirait à manger de la viande synthétique, c'est bien qu'elle soit beaucoup moins chère que la viande conventionnelle.

L'histoire de l'agriculture cellulaire reste à écrire

Le moment venu, lorsqu'elle aura été jugée sans danger pour la santé, sera-t-elle inéluctable pour qui veut respecter l'environnement et les animaux ? Non, bien sûr. Comme le dit très justement un investisseur : « Pourquoi faire compliqué en jouant avec le vivant alors qu'on arrive à faire d'excellentes alternatives à la viande avec des protéines végétales ? » De toute façon, le ministre de l'Agriculture, Julien Denormandie, y est farouchement opposé : « Si un jour Bruxelles venait à autoriser la viande cellulaire, alors il faudra que la loi française vienne l'interdire », a-t-il lancé de but en blanc au début de l'année. Sa commercialisation en Europe promet en tout cas une belle bataille sémantique. Pourra-t-on appeler ça de la viande ? « Hors de question, ce n'est qu'un amas de cellules », dézingue le député LREM Jean-Baptiste Moreau qui voit dans l'agriculture cellulaire « le dernier avatar de la société de consommation, la négation de la relation entre l'homme et la nature depuis des millénaires ». Parole d'éleveur ❄

CI-DESSUS

Une belle côte de veau mérite une réaction de Maillard réussie.

Technique mais pas trop

La réaction de Maillard

Quand vous faites rôtir un poulet et qu'il sort du four légèrement coloré, vous avez, peut-être sans le savoir, maîtrisé la réaction de Maillard. Idem avec le saumon à la plancha, les œufs au plat, les biscuits, les noisettes torréfiées ou une côte de veau à la poêle. Tout le monde se félicite de la belle couleur et des parfums qui s'en dégagent, mais peu de gens savent que cette réaction porte le nom de celui qui l'a découverte, Maillard.

TEXTE
Philippe Toinard
PHOTOGRAPHIE
Éric Fénot

Louis-Camille Maillard

Pur produit de Lorraine, Louis-Camille Maillard est né à Pont-à-Mousson, en Meurthe-et-Moselle, en février 1878. Brillant élève, bachelier à 16 ans, Louis-Camille Maillard a étudié les sciences puis la médecine à Nancy, avant de rejoindre la faculté de médecine de Paris où il a occupé un temps le poste de chef des travaux chimiques et présenté, en 1904, une thèse de doctorat en médecine sur l'indoxyle urinaire et les couleurs qui en dérivent. Auteur de nombreuses publications, lauréat d'une bonne dizaine de prix dans les deux facultés, il a soutenu une seconde thèse en juin 1913. Il ne s'agit plus de médecine cette fois, mais de sciences physiques et chimiques. Le thème : l'action de la glycérine et des sucres sur les acides aminés. Les travaux liés à cette thèse lui ont permis d'observer une réaction entre des sucres et des acides aminés quand ils sont chauffés ensemble. Cette réaction qui n'a jamais été contestée tombera quelque peu dans l'oubli avant de finalement porter son nom après sa mort en 1936.

La réaction de Maillard

Si la réaction de Maillard est connue et appliquée aux sciences de la terre et à la médecine, c'est dans le secteur de l'alimentation qu'elle est la plus connue et la plus visible. Pour résumer, la réaction de Maillard est un brunissement non enzymatique accompagné d'une production d'arômes spécifiques dits de cuisson. L'exemple le plus probant est celui du toast. Au départ, une tranche de pain blanc qui, sous l'effet de la chaleur du grille-pain, brunit et dégage un arôme..., mais, attention, si l'aliment brûle, de réaction de Maillard il n'en est plus question.
L'exemple du toast est facile à comprendre, mais la réaction de Maillard est en réalité plus complexe. Elle est le résultat de l'association et de la dégradation par la chaleur, dans des conditions précises, de sucres réducteurs et d'acides aminés. Au quotidien, chaque cuisinier, amateur ou professionnel, conduit des réactions de Maillard dès lors qu'il utilise de la chaleur et des aliments qui « possèdent » du sucre et des acides aminés. C'est le cas du poisson pané,

Plus les sucres et les acides aminés vont se dégrader, plus la côte de veau va changer de couleur, libérer des arômes et légèrement croûter ou caraméliser à l'extérieur.

des viennoiseries, du poulet rôti, de la viande cuite à la plancha ou à la poêle, du pain, d'un gigot au four, des brochettes au barbecue, des biscuits… C'est en revanche impossible avec un produit sec ou une viande mal emballée desséchée au réfrigérateur. Il faudrait alors l'« éplucher » légèrement pour retrouver de la surface humide.

La réaction de Maillard appliquée à la viande

C'est entre 90 °C et 130 °C que la réaction de Maillard opère, à condition que la poêle soit sur feu vif, que cette dernière ne soit pas remuée trop tôt, que les aliments ne soient pas empilés et qu'aucun liquide autre que la matière grasse ne soit ajouté avant ou en cours de cuisson. Dans le cas présent, la côte de veau déposée dans une poêle chaude (cela fonctionne aussi avec une plancha) va libérer ses acides aminés et son sucre. Ces deux éléments vont se combiner en perdant de l'eau. Plus les sucres et les acides aminés vont se dégrader, plus la côte de veau va changer de couleur, va libérer des arômes et légèrement croûter ou caraméliser à l'extérieur. Lorsque ces objectifs sont atteints, il reste à terminer la cuisson selon votre goût (idéalement au four).

Cela peut paraître simple, mais il n'est pas rare de passer complètement à côté de la réaction de Maillard. Elle ne se déclenche pas avec un produit sec, une poêle insuffisamment chaude (la viande va cuire, mais ne sera pas colorée), une viande de mauvaise qualité qui va libérer trop d'eau, un liquide (huile) en trop grande quantité ou enfin un produit mariné non égoutté. À titre d'exemple, des morceaux de viande marinés au vin rouge ne pourront pas déclencher une réaction de Maillard car la présence d'acides va freiner la combinaison sucres-acides aminés et les morceaux ne doreront pas. Enfin, il faut savoir atteindre cette réaction sans tout brûler. À 180 °C, la réaction de Maillard s'arrête et on entre dans une autre chaîne de réactions chimiques qui entraîne la décomposition de l'aliment par la chaleur. C'est le fameux goût de brûlé. Là encore, le pain toasté est le meilleur exemple. Si le grille-pain est mal réglé, vous aurez soit un toast presque aussi blanc qu'au départ soit totalement noir. Entre les deux, un pain croustillant, coloré et parfumé, une réaction de Maillard parfaite ⁂

Plan B

Manger moins de viande, PAS UN RÉGIME, UNE AUBAINE !

Notre régime carné est très récent dans l'histoire, mais la place de la viande n'a pas toujours été au centre du repas. Les plus grands plats du monde privilégient l'association de céréales, de légumes et de légumineuses et nous montrent la voie d'une révolution douce qui va de pair avec une redéfinition de notre relation aux protéines animales.

TEXTE
PAULE MASSON
ILLUSTRATIONS
PEPE SERRA
(MÈNSULA STUDIO)

IL FAUT MANGER MOINS DE VIANDE ! Cette recommandation est trop souvent perçue comme une injonction. Or, en matière d'alimentation, la privation est rarement source de motivation. La nécessité d'adopter un régime moins carné dans le monde en est un bel exemple. Et le débat public est maintenant mature. Il a notamment intégré qu'il fallait penser à diminuer les doses. Malgré cela, les habitudes ne changent que très lentement. « La problématique est mal posée. Ceux qui veulent que ça change ont souvent une attitude stigmatisante à l'encontre de ceux qui considèrent comme un droit acquis de manger beaucoup de viande. Les postures bloquent le débat », regrette Gilles Daveau, cuisinier formateur et auteur de plusieurs ouvrages de cuisine alternative [1].

La place de la viande selon les siècles et les pays

Quand mécaniquement le problème du trop-plein de viande bascule sur la solution des seuls légumes, beaucoup n'y sont pas prêts. On craint la carence. On ne sait pas comment faire. On veut continuer à se faire plaisir. « On mange avec sa culture, pas avec sa raison. La viande fait partie de notre histoire.

Dans l'imaginaire collectif, végétarien est souvent associé à rien. Pas de goût, pas de plaisir, pas de satiété, pas de texture et pas de nutrition. La clé, c'est la diversité de solutions et la diversification de nos habitudes de cuisine », ajoute Gilles Daveau, qui n'a cessé d'imaginer des méthodes simples permettant de se nourrir autrement.

Un des repères pour faire évoluer les habitudes est de faire appel à l'histoire. Car notre régime carné est très récent dans la longue évolution de l'humanité. Historiquement, les plus grands plats du monde sont souvent frappés du bon sens alimentaire. Ils associent des légumes, des légumineuses, des céréales et parfois, pas toujours, un peu de viande ou d'œuf. À l'origine, le couscous du Maghreb est à base de semoule, de pois chiches et de végétaux. Ce sont les versions occidentales qui ont ajouté quantité de viandes. Le dahl, plat de base en Inde, est un ragoût de légumes et de lentilles. Dans le chili latino-américain mijotent ensemble des haricots et du maïs. La version « con carne » n'ajoute qu'un soupçon de bœuf. Le minestrone provençal ou italien associe des haricots, des pâtes et des légumes. Les falafels du Moyen-Orient marient pois chiches et herbes. Le pad thaï de Thaïlande combine riz, légumes et oléagineux. Quant à la sauce bolognaise, elle mijote à partir d'oignons, de tomates, de sauge, de carottes, de céleri et d'une petite portion de bifteck haché. La note de fond de tous ces plats est de proposer un équilibre alimentaire composé de protéines végétales. La place de la viande n'a donc pas toujours été celle que nous connaissons, même en

Le « mur de l'estomac » a été atteint au début des années 1980, avec en moyenne 104 kilos équivalent carcasse consommés par an et par personne.

France. Au début du XXe siècle, le quotidien alimentaire était majoritairement composé de céréales (du pain en général) et de soupes (légumes, légumineuses, féculents) pour caler l'estomac. Le basculement a eu lieu après la Seconde Guerre mondiale avec l'industrialisation de l'élevage. « En quelques dizaines d'années, la profusion de viande, charcuterie, fromage, beurre s'est imposée comme la norme alimentaire du quotidien. Mais le revers de cette grande conquête des protéines animales à tous les repas, c'est que notre alimentation est devenue beaucoup trop riche », déplore Gilles Daveau. Le « mur de l'estomac » a été atteint au début des années 1980, avec en moyenne 104 kilos équivalent carcasse consommés par an et par personne (kgec), en baisse depuis pour s'établir à 86,2 kilos aujourd'hui selon l'Agreste, statistiques du ministère de l'agriculture. C'est encore trop pour notre équilibre alimentaire et celui de la planète même si, en réalité, nous ne mangeons pas cette quantité car le kgec prend en compte le poids des os et du gras.

Diversifier son alimentation

Ce constat est maintenant suffisamment partagé pour que le curseur du débat se déplace sur les alternatives. La demande sociale de retour de qualité alimentaire va donc de pair avec une redéfinition de notre relation aux protéines animales. Notre ration journalière en comprend en moyenne 65 %. Selon l'Agence nationale de sécurité sanitaire

(Anses), c'est 45 % de trop par rapport à nos besoins nutritionnels. « La meilleure solution pour réduire cette proportion consiste à diversifier son alimentation. Il n'y a pas qu'une façon de manger. Il n'y a pas non plus qu'une façon de changer », assure Gilles Daveau.

Pour fonctionner normalement, notre corps a besoin de protéines, qui structurent tout l'organisme et pas seulement les muscles, de calories qui apportent de l'énergie et de vitamines qui équilibrent l'ensemble. Manger mieux commence donc par diversifier les sources d'apports. Au cours d'un repas, si la viande ou les œufs sont au menu, alors il vaut mieux commencer par une salade ou une soupe plutôt que par de la charcuterie, préférer un fruit au fromage et inverser les proportions du plat. Après tout, pourquoi le légume serait-il toujours condamné à être une garniture ? Pour un menu sans viande, les protéines sont suffisantes en préparant un mélange de légumineuses et de céréales, habitude perdue alors que l'être humain associe ces deux aliments dans son assiette depuis dix mille ans.

Les experts et les nutritionnistes sont maintenant d'accord : le remède passe par les légumineuses, sources de protéines végétales. Certes, la viande a la particularité de réunir les huit acides aminés indispensables à notre santé, mais les lentilles, pois chiches, haricots, pois cassé, fèves ou soja sont plus riches qu'elle en protéines et tout aussi efficaces quand ils sont associés à une céréale type riz, blé, sarrasin, quinoa… Ces plantes, souvent mal nommées « viande du pauvre », ont beaucoup d'autres qualités : elles sont riches en fibres, peu grasses et dépourvues de cholestérol. Mais elles sont aussi d'efficaces compagnes de la lutte contre le réchauffement climatique car capables de capturer l'azote dans l'air et de le restituer naturellement au sol par le biais de nodosités fixées sur leurs racines. Elles réclament moins d'hectares de terre pour s'épanouir que l'élevage, n'ont pas besoin de beaucoup d'eau et ne supportent pas les engrais chimiques. Elles ont pourtant quasi disparu des cultures agricoles. En quarante ans, les surfaces consacrées aux fabacées ont été divisées par sept.

Les experts et les nutritionnistes sont maintenant d'accord : le remède passe par les légumineuses, sources de protéines végétales.

Une révolution culturelle

Il faut dire que les Français sont peu friands de ces aliments sans prestige, compliqués et longs à cuire. Moins de 15 % des adultes déclarent en consommer. Un chiffre malgré tout en hausse grâce à la multiplication des campagnes de sensibilisation, dont celle de l'ONU en 2016 qui avait pour thème la « sensibilisation aux avantages nutritionnels des légumineuses dans le cadre d'une production vivrière durable ». Reste pourtant un obstacle de taille pour que ces aliments délaissés signent leur grand retour dans nos assiettes : celui d'apprendre à apprécier l'étendue de leur potentiel gustatif. Cette révolution est culturelle car elle construit l'avenir nourricier d'une alimentation beaucoup plus végétalisée, mais tout aussi gourmande. Elle n'en est qu'au tout début, dans les familles comme dans la restauration. « Plutôt que d'expliquer qu'il faut se priver de viande, on gagnerait à une mise en valeur des autres ingrédients en donnant des clés pour apprendre à cuisiner ces produits trop vite jugés comme secondaires », préconise Gilles Daveau, à l'origine d'une association née pendant le premier confinement, le Mouvement des cuisines nourricières. Bien que timide, cet esprit positif rencontre un écho certain et façonne un lent passage à l'acte, non pensé comme un renoncement, mais comme une transition salutaire vers un modèle alimentaire plus durable ❋

[1] *Le manuel de cuisine alternative*, Domaine du possible, Actes Sud (2014) et *Manger moins (et mieux) de viande*, Collection Je passe à l'acte, Actes Sud/Kaizen (2017).

Bien-être animal

Des éleveurs respectueux

Quand certaines associations de défense du bien-être animal dénoncent des conditions d'élevage honteuses – et elles ont raison de lancer des alertes aussi insoutenables soient-elles –, c'est toute la filière viande qui doit faire face à la défiance des consommateurs. Or, et fort heureusement, il existe de magnifiques éleveurs, respectueux de leurs animaux avec lesquels ils entretiennent une relation parfois quasi fusionnelle.

TEXTES
PHILIPPE TOINARD
PHOTOGRAPHIES
ÉRIC FÉNOT ET VINCENT BALDENSPERGER

Retrouvez notre carnet d'adresses page 192.

Jean-Marie Oçafrain et ses porcs kintoa

SUR LES HAUTEURS de Banca, dans la vallée des Aldudes, Jean-Marie Oçafrain élève des brebis, des vaches et des cochons. Les premières, des brebis manex tête noire, regroupées à 1 100 mètres d'altitude où Jean-Marie se rend régulièrement pour s'assurer qu'elles ne manquent de rien jusqu'à leur retour dans la vallée autour de novembre. Les deuxièmes, des vaches pyrenaica, qu'il a décidé de sauver avec une quinzaine d'éleveurs. Une race à viande rustique très implantée côté Pays basque espagnol et que l'on ne voyait plus côté français depuis les années 1990. Pour le moment, il n'y a que 200 têtes (18 pour Jean-Marie), mais l'abnégation des éleveurs basques devrait permettre à cette race de retrouver sa place sur ces pentes verdoyantes. Enfin, le porc kintoa, une race qui avait pratiquement disparu dans les années 1980 puisqu'il ne

Retrouvez le portrait de Jean-Marie Oçafrain dans 180°C n° 6.

restait à l'époque que 25 truies. En 2000, Jean-Marie se lance dans cet élevage qui ne nécessite presque pas de main-d'œuvre. Depuis plus de vingt ans, il reçoit ses cochons âgés de 3 mois. Ils vivent alors en troupeaux de 30 à 40 bêtes et évoluent dans les landes, les prairies ou les sous-bois. Chez Jean-Marie, pour apercevoir ces beaux bébés à la peau bicolore, aux oreilles qui se croisent sur le groin et qui font 160 kilos en moyenne, il faut s'enfoncer dans de petites aires boisées dotées d'un abri, où ils se nourrissent essentiellement de châtaignes, de glands et de faines, le fruit du hêtre. Le tout complété quotidiennement par 2 kilos de maïs, blé, son et tourteau de colza ou de tournesol, l'ensemble évidemment garanti sans OGM, cahier des charges oblige. Si le bonheur est dans le pré, il l'est aussi dans les bois et dans le regard de l'éleveur, fier de les avoir sauvés d'une disparition annoncée ⁕

Pierre Duplantier et ses volailles

AVEC UNE OPINIÂTRETÉ RARE, Pierre Duplantier a compris qu'il pouvait sortir d'un système agricole productiviste qui le menait dans le mur en s'affranchissant d'une production laitière, dans laquelle il avait toujours baigné, pour se lancer dans l'élevage de volailles de haut vol. Il a débuté par du poulet Label rouge avant de s'intéresser à l'élevage de poulardes, en étudiant de près la qualité de l'eau, la mouture des aliments, les caractéristiques des sols et la ventilation des abris. C'est un chef de cuisine qui lui conseillera de se pencher sur l'élevage de cailles, rarement de grande qualité. Il arrête le poulet et accumule les espèces, des poulardes nourries en partie au maïs et avec du lait en extrait sec, des pintades, des chapons, des poulettes, différents canards (pour la chair, pas pour le foie gras) élevés sur parcours herbeux et les fameuses cailles. La fierté de Pierre, c'est d'avoir transformé l'exploitation laitière à laquelle il se sentait enchaîné en un élevage de volailles de qualité qui lui permet de travailler sans pression financière et de suivre sa ligne de conduite « faire peu, mais faire bien », ce qui signifie : ne jamais chercher à tomber dans le productivisme tout en maîtrisant l'ensemble des étapes. C'est pour cette raison qu'il a métamorphosé l'ancienne stabulation en abattoir, chambre froide et lieu de préparation des commandes. Et l'éleveur, qui fournit de nombreux chefs de renom, de conclure : « L'élevage respectueux, ce n'est pas sorcier, c'est le sens du détail, la gestion du stress, la qualité de l'eau et de l'alimentation et du calme, beaucoup de calme. » Et àMéracq, le calme et l'absence de stress, on les ressent ❋

Retrouvez le portrait de Pierre Duplantier dans 180°C n° 17.

Galdric Sola et ses rosées des Pyrénées

NE CHERCHEZ PAS la rosée des Pyrénées dans la liste officielle des races à viande. Elle n'existe pas réellement. C'est en réalité un veau, issu de mères de races rustiques comme l'aubrac, la gasconne ou, plus rare, la brune, élevé en totale liberté, au lait maternel et à l'herbe des estives dans les Pyrénées-Orientales et dans l'Aude. Parmi la quarantaine d'éleveurs, dont un quart en bio, fiers d'avoir décroché l'indication géographique protégée (IGP), Galdric Sola. Installé à Eus, il a repris la ferme d'un agriculteur qui partait à la retraite. Chaque année entre mai et juin, ses bêtes partent en transhumance selon la tradition pastorale. Là-haut, entre 1 200 et 1 400 mètres d'altitude, sous l'œil des vachers, veaux et vaches profitent de la richesse et de la diversité de la flore printanière des prairies naturelles complétées par des fourrages produits sur les parcelles. Une vie au grand air une grande partie de l'année, qui ferait pâlir de jalousie bien des prim'holstein qui passent plus de temps en stabulation qu'au pré. Chaque année, ce sont 300 veaux qui obtiennent la certification après une sélection réalisée par un technicien de la Coopérative catalane des éleveurs (CCE). Des volumes relativement faibles, mais une viande de grande qualité attendue par les bouchers et les restaurateurs de la région qui ont compris l'intérêt de défendre une production locale. Car, outre la beauté de ce type d'élevage que l'on croyait perdu, la viande, maigre et riche en oméga-3, a le goût de son terroir, de ses montagnes et de sa flore, mais aussi celui du travail bien fait par des éleveurs respectueux de leurs animaux et de l'environnement dans lequel ils évoluent et qu'ils protègent ✻

Retrouvez le portrait de Galdric Sola dans 180°C n°15.

Roland Moitrel et ses agneaux de prés-salés

À GAUCHE de la baie de Somme, quand on regarde la mer, Saint-Valéry-sur-Somme ; à droite, Le Crotoy. Entre les deux, des centaines d'hectares d'un vert profond sur lesquels gambadent des troupeaux d'agneaux et leurs mères. Ils ne sont qu'une dizaine à élever des agneaux de prés-salés dont cinq le font à temps plein. Depuis bientôt trente-cinq ans, qu'il pleuve, qu'il neige, qu'il grêle ou que la chaleur soit accablante, Roland surveille son troupeau une partie de l'année de 8 h 30 à 18 h 30. Si le temps est mauvais, il se réfugie dans sa roulotte. Du gaz pour se préparer un café ou un frichti, de l'électricité, une table, une chaise et un canapé deux places. Par la fenêtre tournée vers la mer, il jette un œil à son troupeau de 1 400 agneaux et leurs mères de races suffolk, roussin, rouge de l'Ouest, mouton vendéen, hampshire et boulonnaise. Tous ne lui appartiennent pas puisqu'il prend en charge les bêtes de quatre autres propriétaires. Le café avalé, il rejoint son secteur de 480 hectares de marais salés – les mollières – avec Tango, son chien qui surveille le troupeau et le regroupe dans les parcs en fin de journée. À disposition du troupeau, de la puccinellie, de l'obione, du chiendent maritime, de la soude maritime et des oreilles de cochon dont les moutons ne mangent que les fleurs. Selon les coefficients des marées, la baie n'est pas toujours recouverte, mais quand c'est la pleine ou la nouvelle lune, il faut mettre le troupeau à l'abri car l'eau envahit la baie et vient lécher la départementale. Des tunnels sous la route permettent aux bergers de faire passer les animaux et de les parquer dans des prairies où ils patientent le temps que l'eau reparte. Des conditions de vie pour l'éleveur comme pour ses animaux non stressantes qui donnent une viande rouge, persillée et tout bonnement exceptionnelle

180°C
Agneaux de Prés Salés.
Roland Moitrel,
berger de la baie

Retrouvez le portrait de Roland Moitrel dans La Gazette de 180 °C *(www.180c.fr/la-gazette-180/).*

Isabelle Leydier Delavallade et ses highlands

COMME DES CENTAINES d'autres agriculteurs, Isabelle Leydier Delavallade a joué dans la cour du productivisme jusqu'à ce qu'elle comprenne que ce n'était pas une vie, pas sa vie. Elle a débuté par l'élevage d'ovins sur la ferme familiale dans les années 1980 avant de prendre un virage à 180 degrés et de se consacrer dans un premier temps à l'élevage de lamas puis de se diversifier avec une race méconnue en France, la highland, une vache rustique originaire de la région des Highlands, en Écosse, à la robe rouge, aux poils longs et imperméables et aux cornes impressionnantes. Surnommée la débroussailleuse, la highland mange ce que d'autres herbivores délaissent notamment les ronces, mais, surtout, sa rusticité lui permet de rester dehors toute l'année et par tous les temps. Aujourd'hui, Isabelle Leydier Delavallade est à la tête d'un troupeau d'environ 80 bêtes, toutes nées à la ferme et sans l'aide d'un vétérinaire et cela fera bientôt dix ans que son élevage a été certifié en bio. Le mot productivisme a été banni de son vocabulaire. Ce qui compte désormais, c'est de laisser le temps au temps. Quand d'autres races partent à l'abattoir après un ou deux ans d'élevage, Isabelle laisse ses highlands s'épanouir et patiente entre trois et cinq ans au rythme des commandes. Pour comprendre la délicatesse de cette viande longuement maturée, il suffit de lire les dizaines de commentaires élogieux des consommateurs qui ont goûté le fruit du travail d'Isabelle. Elle vend en circuit court et en vente directe des morceaux (côte, entrecôte…) à cuisiner chez soi ou des plats préparés faits maison comme de la daube, de la carbonade, de l'estouffade, du pot-au-feu et des terrines 100 % highland au cognac. L'un des clients souligne : « On sent tout l'amour de l'éleveur avec un grand savoir-faire. » Tout est dit !

Retrouvez le portrait d'Isabelle Leydier Delavallade dans 180°C n°22.

Fait maison

Viande bien élevée, viande bien cuisinée : **le veau**

Mijoté de veau au citron confit

POUR 4 À 6 PERSONNES

600 g de sauté de veau coupé en morceaux
2 oignons
2 citrons confits au sel
10 cl de vin blanc
1 l de bouillon de veau
300 g de carottes
500 g de pommes de terre grenaille
4 c. à s. d'huile d'olive
4 brins de thym + un peu pour la finition
Poivre

❶ Faites chauffer une cocotte en fonte, versez l'huile. Quand elle est bien chaude, faites revenir pendant 10 minutes les morceaux de veau les uns à côté des autres et surtout pas les uns sur les autres.

❷ Épluchez et émincez les oignons, ajoutez-les dans la cocotte, laissez-les dorer quelques minutes en mélangeant. Ajoutez les citrons confits rincés sous l'eau et coupés en 6. Poivrez et versez le vin blanc. Laissez-le s'évaporer un peu avant d'ajouter le bouillon de veau. Couvrez et laissez cuire 1 heure à feu doux.

❸ Épluchez les carottes et coupez-les en tronçons. Coupez les pommes de terre en 2 si elles sont un peu trop grosses. Ajoutez les légumes et le thym dans la cocotte plus un peu d'eau si le bouillon s'est un peu trop évaporé. Poursuivez la cuisson 20 minutes. Poivrez. Servez avec un peu de thym frais.

RECETTES ET STYLISME
DELPHINE BRUNET

PHOTOGRAPHIES
ÉRIC FÉNOT

Fait maison

Viande bien élevée, viande bien cuisinée : le cochon

Échine de porc sautée à l'asiatique

POUR 4 PERSONNES

4 côtes de porc dans l'échine désossées
2 c. à s. d'huile de sésame
1 c. à s. de miel liquide
2 c. à s. de sauce soja sucrée
2 c. à s. de sauce sweet chili
3 cm de gingembre
2 échalotes
1 petit bouquet de coriandre et quelques brins de menthe
Sel et poivre

❶ Taillez la viande en lanières. Disposez-les dans un plat creux, arrosez d'huile de sésame, de miel et des deux sauces.

❷ Épluchez les échalotes et le gingembre. Émincez les premières et râpez le second. Ajoutez-les à la viande, mélangez et laissez mariner 1 heure à couvert au frais.

❸ Égouttez bien la viande et conservez la marinade pour le service.

❹ Faites sauter les lanières d'échine dans une poêle bien chaude pendant 10 minutes à feu vif en les retournant régulièrement. Salez, poivrez.

❺ Effeuillez la menthe et la coriandre, ciselez-les et saupoudrez-les hors du feu sur la viande. Servez avec la marinade réservée et éventuellement du riz basmati.

I
1
I
4
I
2
I
3
12
III
15
IV
18
IV
II
6
I
5
III
II
10
II
8
IV
14
II
7
IV
17
IV
17
16
16
IV
IV

Les archives de la cuisine

Cabochiens et cabochards LES BOUCHERS DANS L'HISTOIRE DE FRANCE

Remuants et armés, les bouchers font peur en politique, depuis la sanglante « révolte cabochienne » de 1413.

TEXTE ET ICONOGRAPHIE
BRUNO FULIGNI
ILLUSTRATION D'OUVERTURE
FABRICE BLOCH

La prise de la Bastille ? Bien avant 1789, elle eut lieu le 27 avril 1413, quand les Parisiens révoltés défièrent une première fois le pouvoir royal. Le bras armé de cette jacquerie urbaine: la corporation des bouchers, puissante et déterminée, que menait le redoutable Simon Caboche.

Né en 1380, Simon s'appelait en réalité Le Coustelier, mais tout le monde le surnommait « Caboche », peut-être pour son caractère têtu, plus vraisemblablement pour son habileté à fendre d'un seul coup la tête des bestiaux. Ce costaud, fort en gueule et charismatique, a grandi dans le Paris médiéval où les artisans étaient regroupés par rues et contrôlés par les fonctionnaires royaux. Son nom semble indiquer qu'il était issu d'une famille de couteliers, mais sa mère était tripière ; il devient l'homme fort des bouchers, dont les étals forment alors la grande « tuerie » du parvis Notre-Dame.

On peine à imaginer aujourd'hui, devant la cathédrale, l'arrivée des troupeaux de bœufs, abattus et débités sur place pour sustenter les Parisiens... Une activité rémunératrice, mais

Les bouchers, riches mais méprisés, contraints de porter un capuchon blanc en signe de leur infâme profession, s'accommoderaient à la rigueur de leur sort si la situation politique ne menaçait pas leur activité.

salissante, qui place les bouchers dans un entre-deux inconfortable entre la bourgeoisie et le peuple : riches mais méprisés, contraints de porter un capuchon blanc en signe de leur infâme profession, ils s'accommoderaient à la rigueur de leur sort si la situation politique ne menaçait pas leur activité.

Les bouchers au pouvoir

La France du XVe siècle vit en effet dans la plus grande instabilité : aux combats contre les Anglais, en pleine guerre de Cent Ans, s'ajoutent les affres de la guerre civile qui oppose Armagnacs et Bourguignons, c'est-à-dire les partisans du roi fou Charles VI et ceux du duc de Bourgogne. En 1407, Jean-sans-Peur, duc de Bourgogne, a fait assassiner Louis d'Orléans, frère sensé du roi de France, ajoutant à la confusion.

À Paris, les approvisionnements deviennent difficiles, tandis que des impôts de plus en plus lourds pèsent sur la population. Simon Caboche et ses amis bouchers, les « cabochiens », forment la partie la plus remuante de cette plèbe qu'on pressure, alors que les nobles sont exempts d'impôts. Et, contrairement aux autres corporations et aux bourgeois parisiens, les hommes en blanc du parvis Notre-Dame ont des armes et savent s'en servir. En 1413 donc, ils se soulèvent, s'alliant aux Bourguignons contre le roi de France et ses alliés Armagnacs. Pendant quelques mois, ils tiennent la ville : les bouchers sont au pouvoir et engagent une vraie révolution. Le roi, contraint à son tour de porter le capuchon blanc de leur corporation, doit promulguer « l'ordonnance cabochienne » du 27 mai 1413 qui réforme l'État, limite les pouvoirs du monarque et rappelle qu'aucun impôt ne peut être créé sans réunion et autorisation préalables des états généraux. Mais cet édit, rédigé par les jurisconsultes du duc de Bourgogne, n'est que la partie aimable de cet épisode. Grisés par leur ascension, dans un contexte de guerre civile, les bouchers se laissent aller aux pires exactions, tuant sans

Louis Legendre (1752-1797), *fils de boucher. Il participa à toutes les grandes journées révolutionnaires et dirigea la réaction thermidorienne.*

Le marquis de Morès (1858-1896) *éleva du bétail aux États-Unis avant de revenir en France s'impliquer dans la Ligue antisémitique pour laquelle il recrutait des hommes de main aux abattoirs de La Villette.*

retenue dans les rues, assassinant le prévôt de Paris lui-même.

Alors les Parisiens se lassent de ce pouvoir sanguinaire et la bourgeoisie s'entend avec le parti des Armagnacs, qui reprend la ville. L'ordonnance réformatrice est cassée dès le 5 septembre 1413 ; une répression féroce s'abat sur les cabochiens, tués ou suppliciés, tandis que Bernard VII, comte d'Armagnac et beau-père du prince Charles d'Orléans, fait raser la grande boucherie du parvis Notre-Dame, qui disparaît définitivement du paysage parisien.

Le boucher-bourgeois

Simon Caboche, quant à lui, a réussi à s'enfuir avec les Bourguignons. Il ne revient à Paris qu'en 1418 et ne joue plus aucun rôle important dans la vie publique, mais sa figure demeure dans la mémoire collective : celle d'un meneur d'hommes sans doute, violent, criminel et dangereux toutefois.

C'est encore l'ombre de Simon Caboche qui vient planer sur le Paris révolutionnaire de 1789, quand un certain Louis Legendre agite à son tour la population, qui l'élit membre de la Convention en 1792. Celui-ci est en réalité un bourgeois, qui a été dix ans matelot avant de devenir propriétaire d'une boucherie en gros ; mais il est fils de boucher et ses adversaires ne résistent pas au plaisir de renvoyer ce régicide à ses étals familiaux…

« On prétendit que la veille de l'exécution [de Louis XVI], le 20 janvier, il fit à la tribune des Jacobins la motion que le corps de l'ex-roi fût divisé en 84 morceaux afin qu'on pût en envoyer un à chacun des 84 départements de la République », rapporte le Dictionnaire des parlementaires français. Ami de Marat et de Robespierre, Legendre trahit ce dernier pour devenir un personnage influent de la réaction thermidorienne. Président de la Convention en novembre 1794, puis élu au conseil des Cinq-Cents sous le Directoire, dans

LACAUNE-LES-BAINS (Tarn)

Election d'un Conseiller Général pour le Canton de Lacaune
Dimanche 7 Août 1955

Lucien CALAS
(dit LULU)

Charcutier-Salaisonnier à Lacaune
Sans appartenance politique
CANDIDAT de Défense des Petits Industriels, Artisans et Agriculteurs du Canton de Lacaune

VOUS PRÉSENTE SA

PROFESSION DE FOI

Electrices, Electeurs,

Si j'ai décidé de poser ma candidature à la succession du regretté M. CAVAILLÈS, ce n'est nullement par ambition politique, mais pour faire entendre au sein du Conseil Général le point de vue de l'Homme de la Rue qui travaille, s'inquiète et aussi aime à rire, son devoir accompli.

Les politiciens se fichent de vous et de vos soucis.

Etant Charcutier-Salaisonnier :

1°) J'achète les Porcs aux agriculteurs. Donc leur intérêt est lié au mien et c'est pourquoi, je défendrai les agriculteurs ;

2°) Je transforme et travaille la viande de ces porcs. Je suis donc artisan et comprends leurs difficultés ;

3°) Je revends des produits fabriqués ; mes joies et mes soucis étant les mêmes que ceux des commerçants, ils peuvent entièrement compter sur moi ;

4°) Employeur partageant la peine de mes ouvriers, je me mets à leur place et comprends leurs difficultés à **payer l'apéritif quotidien.** Je ne les oublierai pas,

Consommateur de lait dans mon enfance, je bois du vin dans mon âge mûr. Je soutiendrai également éleveurs et vignerons et tous ceux qui vivent de ces nobles produits de la terre.

Il n'y a pas de vignerons parmi nous, direz-vous ? Mais les vignerons du Pays-Bas ont fait et font encore la prospérité de notre canton. Et puis le vin fait apprécier nos salaisons et a toujours fait bon ménage avec le lait transformé en Roquefort. Et tant pis si ça ne fait pas plaisir aux radicaux de Mendès-France.

Je saurai faire entendre la voix de ces classes opprimées par un fisc vorace et tracassier, au sein du Conseil Général, assez fort pour que l'écho de notre juste indignation aille réveiller les hautes sphères de politiciens endormis dans une quiétude confortable.

Profession de foi de Lucien Calas
charcutier-salaisonnier à Lacaune, 1955.

17 départements, il resta au moins fidèle à sa réputation en menaçant son adversaire Portalis de voir s'abattre sur lui « la hache de la raison »... Comme Caboche, Legendre s'éteignit tranquillement à Paris, le 13 décembre 1797 ; son dernier acte politique fut de léguer son corps à la faculté de médecine, pour « rester utile » à la société.

La Cité du Sang

Au XIXe siècle, les bouchers restent remuants, mais s'orientent plutôt vers le nationalisme. La profession, en outre, s'industrialise avec l'apparition de grands abattoirs comme ceux de La Villette – et c'est dans cette « Cité du Sang » que le trouble marquis de Morès recrute sbires et hommes de main pour sa Ligue antisémitique de France. Le garçon-boucher, parlant louchébem, arrondissant ses fins de mois en faisant le coup de poing contre les dreyfusards et les « rouges », devient à son tour une figure typique du Paris d'antan, avec la charge érotique du mauvais garçon, vigoureux compagnon de la mort et du sang...

C'est encore dans ce milieu que recrute Auguste Sabatier, roi de la nuit montmartroise durant les Années folles, quand il faut briser une grève ou affronter les colleurs d'affiches communistes qui le traitent de « fasciste ». Député de la Seine de 1928 à 1932, élu en en 1935 conseiller municipal du quartier de Clignancourt, dans le 18e arrondissement, Sabatier lui aussi est boucher en gros, chevillard des Halles, riche mais simple et direct, cordial et braillard. Il soutient son ami Philibert Besson, le « député fou » de la Haute-Loire, qui nargue les puissants (*cf. 180°C* n° 1, « À la table du capitaine »). De droite mais vrai patriote, Sabatier n'appartiendra pas aux mouvements engagés dans la Collaboration : entré en Résistance sous l'Occupation et arrêté par la Gestapo, il meurt en déportation le 28 août 1944, à Buchenwald.

Après la guerre, le dernier sursaut politique des bouchers sera le poujadisme, sous la IVe République. Ce mouvement protestataire, qui s'élève contre le fiscalisme et les contrôles administratifs, séduit plutôt les indépendants et artisans. Aux législatives de 1956, les poujadistes obtiennent plus de cinquante sièges, mais c'est aux cantonales de l'année précédente que s'illustre tout particulièrement l'un de leurs sympathisants : Lucien Calas dit « Lulu », charcutier-salaisonnier à Lacaune (Tarn), dont le message est simple : « Je saurai faire entendre la voix de ces classes opprimées par un fisc vorace et tracassier, au sein du Conseil Général, assez fort pour que l'écho de notre juste indignation aille réveiller les hautes sphères des politiciens endormis dans une quiétude confortable. » Par nature, l'esprit cabochien a la tête dure *

Prise de conscience

STEAK OR NOT STEAK

Alors que la viande est au cœur de nombreuses polémiques, le steak garde un capital confiance que s'arrachent les promoteurs des imitations « végé ». Depuis que l'Union européenne a élargi l'appellation steak aux préparations végétales, la viande sans viande fait florès. Un non-sens alimentaire.

TEXTE Paule Masson
ILLUSTRATION Pepe Serra (Mènsula Studio)

QUI N'A PAS DÉJÀ VÉCU cette expérience chez son boucher ? À la question : « Puis-je avoir un steak, s'il vous plaît ? », le commerçant répond : « Bien sûr, lequel ? Du rumsteck, dans le filet, de la bavette, une araignée peut-être ? » Cet échange existerait-il autour d'un steak de soja ? Évidemment non !

Définition d'un steak

Après une vive polémique et un débat malheureusement très clivé, le Parlement européen a autorisé en octobre 2020 l'élargissement de l'appellation steak à des préparations végétales. Les ONG écologistes, qui militent à juste titre pour une alimentation moins carnée, y ont vu l'opportunité de promouvoir une alternative de consommation plus végétale, donc écologiquement plus soutenable. Les professionnels de la viande ont dénoncé le risque de confusion pour des mangeurs qui, il est vrai, ont déjà bien du mal à identifier ce qui atterrit dans leur assiette.
La méprise trouve, pour une part, son origine dans la définition même de steak qui n'est pas un morceau, mais une découpe. Le bœuf est roi en la matière avec une bonne quinzaine de muscles qui ont fait sa réputation de noble chair. Le boucher parisien, Hugo Desnoyer, a bâti sa notoriété sur l'attention portée à sa viande. « J'achète les bêtes sur pieds, à des

éleveurs avec qui je travaille depuis plus de vingt ans. Je connais l'origine, le type d'élevage, l'alimentation et le mode d'abattage des bêtes », explique cet artisan qui vend au grand public et aux chefs réputés des viandes de race limousine, salers ou aubrac précisément découpées pour donner naissance au rumsteck, à la poire, aux entrecôtes, à la bavette d'aloyau, au flanchet, à l'onglet ou à la hampe.

Le vrai bon steak, maturé à point, est celui que l'on savoure... de temps en temps. La race, la biodiversité du territoire, le morceau choisi lui donne une infinie diversité de saveurs. Rien à voir avec le déversement sur le marché de découpes de vaches réformées de l'industrie laitière qui encourage une consommation aujourd'hui bien trop élevée pour préserver la santé et l'avenir de la planète. « Je suis fier d'être boucher. J'ai choisi ce métier et je fais partie de ceux qui plaident pour manger moins de viande, mais de meilleure qualité », affirme Hugo Desnoyer. La nécessité a intégré les consciences. En France, la consommation de viande est en constante diminution, mais manger des produits carnés est un fait culturel, associé à la réussite sociale. Dans cette évolution, le steak s'est taillé une place de compagnon d'un mode de vie « *fast* », où l'on travaille vite, cuit vite, mange vite pour donner à son corps l'énergie des protéines, de celles qui rendent fort comme un bœuf.

Steak sans viande mais pas sans additifs

Le steak nous est aujourd'hui servi à toutes les sauces. Même quand il s'agit de vendre de la viande... sans viande. Parée de toutes les vertus de la révolution verte, la mode des « burgers végé » a envahi les rayons. Mais plutôt que de mettre en avant les atouts réels du végétal pour réussir la transition alimentaire, ses promoteurs avancent masqués. Qu'il s'agisse de grosses machines à débiter comme Charal® ou de la food-tech, la filière se concurrence sur l'imitation. La jeune start-up espagnole Heura® se vante par exemple d'avoir trouvé une « texture si charnue qu'il devient difficile de croire que ce n'est pas de la vraie viande ». Décidément, pour faire tourner la machine à billets, il vaut mieux faire appel à l'imaginaire viandard du consommateur. Mais qu'en est-il derrière l'étiquette ? Les substituts manufacturés sont, la plupart du temps, des agglomérats protéinés composés de gluten, d'amidon, de conservateurs, de colorants, d'antioxydants, d'isolats de protéines de pois, de soja et de beaucoup d'eau. Pas de viande, évidemment, pas de légumes non plus, mais des composés d'on ne sait trop quoi.

Alors, quitte à manger plus de végétal, apprenons plutôt à consommer davantage de vrais légumes, frais, enracinés, entiers, de saison. Additionnés à des légumineuses, des épices, des plantes aromatiques, ils façonnent des galettes nourrissantes, riches de saveurs et suffisantes pour nos besoins alimentaires. On peut même y ajouter une bonne rasade de moutarde. Et puis, quand vient l'envie de céder à un bon steak, autant opter pour celui qui a commencé sa vie sur pattes ✻

Home made

En quête de sens

Ramasser des pommes de pin pour allumer un grand feu de cheminée, glaner quelques branchages aux couleurs mordorées pour s'en faire un joli bouquet, cuisiner quelques recettes maison pour un bon goûter de saison... C'est ainsi que la vie donne tout son sens à notre existence.

RECETTES ET STYLISME
DELPHINE BRUNET
PHOTOGRAPHIES
ÉRIC FÉNOT

Foie gras au gros sel

POUR 6 À 12 PERSONNES

1 foie gras de canard cru
1 c. à c. de baies roses
½ c. à c. de graines de coriandre
1 c. à c. de poivre noir en grains
1 kg de gros sel gris
1 c. à c. rase de poivre blanc moulu
1 morceau de tissu étamine fine
(ou grande gaze en pharmacie)

❶ Ouvrez le foie en séparant les 2 lobes. Retirez les veines et autres tissus blancs ou rougeâtres en tirant délicatement dessus tout en ouvrant la chair du foie au fur et à mesure.

❷ Concassez dans un mortier les graines de baies roses, de coriandre et le poivre noir ou placez-les dans un sachet en papier et écrasez-les au rouleau à pâtisserie... hyper pratique ! Saupoudrez l'intérieur du foie avec le contenu du sachet. Refermez-le puis enveloppez-le bien d'étamine ou de gaze.

❸ Versez un lit de gros sel dans le fond d'un plat à gratin. Posez le foie enrubanné dessus puis recouvrez-le complètement avec le gros sel restant. Oubliez-le 2 ou 3 jours dans le bac à légumes du réfrigérateur.

❹ Retirez le gros sel (conservez-le dans une boîte pour saler des soupes, des bouillons ou l'eau des pâtes) puis l'étamine ou la gaze et saupoudrez le foie de poivre blanc. Enveloppez-le dans du film alimentaire et gardez-le au frais encore 1 journée au moins avant de le déguster sur des tranches de pain grillées avec des morceaux de pâte de poire au coing (voir recette page 166).

NOTE DE L'AUTEURE : *se conserve 1 semaine au frais.*

Petites gougères au cheddar

POUR UNE VINGTAINE DE GOUGÈRES

125 g d'eau
50 g de beurre salé
90 g de farine
2 œufs
50 g de cheddar
Poivre
1 jaune d'œuf
1 c. à s. d'eau

❶ Faites fondre le beurre dans l'eau à feu doux. Ajoutez la farine. Mélangez vigoureusement et desséchez un peu la pâte 2 minutes à feu doux. Débarrassez-la dans un saladier et mélangez-la pour la refroidir un peu puis ajoutez les œufs 1 par 1 en mélangeant bien entre chaque et poivrez.

❷ Râpez le cheddar finement puis incorporez-le à la pâte en gardant 1 cuillerée à soupe pour la finition.

❸ Préchauffez le four à 180 °C.

❹ Placez la pâte à choux dans une poche munie d'une douille lisse et formez de petites boules sur une plaque de cuisson recouverte de papier sulfurisé. À l'aide d'un pinceau, badigeonnez-les de jaune d'œuf mélangé à l'eau puis saupoudrez-les du cheddar restant et enfournez pour 25 minutes.

❺ Servez tiède ou froid pour une mise en bouche de choix ou un apéro sympa.

UTILE
A TOUS
LES RECETTES DU
NOUVEAU DICTIONNAIRE
PRATIQUE
D'ÉCONOMIE DOMESTIQUE
VILLE
LA CAMPAGNE

Pains ronds à la courge

POUR UNE DIZAINE DE PETITS PAINS

260 g de courge butternut
1 œuf
2 c. à s. de sucre roux
10 g de levure fraîche de boulanger
(ou 6 g de levure sèche de boulanger)
1 c. à c. de sel
400 g de farine
30 ml d'huile d'olive
+ un peu pour la finition
1 c. à s. de graines de sésame noir
Fleur de sel

❶ Épluchez la courge, coupez-la en morceaux et faites-les cuire 8 à 10 minutes à la vapeur. Écrabouillez-les en purée.

❷ Battez l'œuf avec le sucre et la levure dans le bol du robot pétrisseur muni du crochet, ajoutez la purée de butternut, la farine, l'huile et le sel. Pétrissez pendant 10 minutes ou entre 15 et 20 si vous le faites à la main. Couvrez et laissez gonfler 1 heure dans un endroit chaud.

❸ Façonnez la pâte en boudin puis coupez-le en 10 tranches et formez des boules avec chaque tranche. Disposez-les sur une plaque de cuisson recouverte de papier sulfurisé. Laissez lever à couvert pendant 30 minutes.

❹ Badigeonnez le dessus d'huile et saupoudrez de graines de sésame et de fleur de sel. Aplatissez-les un peu puis faites-les cuire dans une poêle huilée pendant 4 à 5 minutes de chaque côté. Laissez refroidir sur une grille et le tour est joué !

Pâte de poire et coing

POUR UNE MULTITUDE DE PETITS CUBES

2 poires
2 coings
1 l de bon vin rouge
1 bâton de cannelle
1 étoile de badiane
4 clous de girofle
1 gousse de vanille
1 citron
600 g de sucre avec pectine

❶ Taillez les coings en 4 puis épluchez-les en gardant les pépins dans une gaze. Coupez les quartiers en morceaux. Épluchez les poires, taillez-les en 4, retirez le cœur puis recoupez-les en morceaux.

❷ Versez le vin dans une casserole, ajoutez toutes les épices et le citron coupé en tranches avec les pépins. Portez à frémissement. Ajoutez les morceaux de fruits et la gaze contenant les pépins de coing et faites cuire 30 minutes environ. La chair des coings doit être bien tendre.

❸ Égouttez les fruits, retirez les épices, mixez avec les tranches de citron. Pesez et versez cette purée dans une casserole. Ajoutez le même poids de sucre puis faites cuire à feu doux sans cesser de mélanger pendant 30 minutes. La pâte doit devenir rouge et assez épaisse. Versez-la ensuite dans un plat carré tapissé de papier sulfurisé sur une épaisseur de 1,5 cm. Laissez sécher 24 heures à l'air libre.

❹ Retournez sur un papier cuisson et laissez sécher encore 24 heures si besoin avant de couper la pâte en cubes. Saupoudrez de sucre cristal et dégustez avec du fromage, ou du foie gras (voir recette page 161) ou juste comme ça !

RINE
VRE

Sablés aux noisettes et chocolat au lait

POUR UN PAQUET DE BISCUITS

LA PÂTE

150 g de beurre salé mou
100 g de sucre roux
1 petit œuf
220 g de farine
75 g de poudre de noisettes

LA FARCE

75 g de noisettes
75 g de sucre glace
150 g de chocolat au lait à pâtisser
2 pincées de fleur de sel

❶ Pour la pâte sablée, mélangez le beurre mou avec le sucre, ajoutez l'œuf et mélangez. Versez ensuite la farine et la poudre de noisettes. Formez une boule et réservez au frais 30 minutes.

❷ Torréfiez les noisettes entières à la poêle pendant 5 minutes en remuant plusieurs fois. Laissez refroidir puis frottez-les pour retirer la petite peau qui les entoure. Mixez-les avec le sucre glace. Faites fondre le chocolat au bain-marie puis versez-le sur la poudre de noisettes. Salez, mélangez et placez dans une poche munie d'une douille cannelée.

❸ Préchauffez le four à 180 °C.

❹ Étalez la pâte sablée sur 0,5 cm d'épaisseur sur un plan de travail fariné. Découpez des disques de 4 cm de diamètre avec un emporte-pièce cannelé. Disposez-les au fur et à mesure sur une plaque de cuisson et enfournez pour 10 minutes.

❺ Laissez refroidir sur une grille puis garnissez la moitié des biscuits de farce au chocolat, refermez avec un autre biscuit et servez avec un thé devant la cheminée.

Gros pancakes

POUR 4 À 6 PIÈCES

2 œufs
40 g de sucre glace
160 g de lait fermenté
40 g de beurre salé fondu + un peu pour la cuisson
150 g de farine
8 g de levure chimique
1 pincée de bicarbonate

❶ Séparez les blancs des jaunes d'œuf. Fouettez les jaunes avec le sucre jusqu'à ce qu'ils blanchissent. Ajoutez le lait fermenté et le beurre fondu. Mélangez puis ajoutez la farine et la levure tamisées ensemble et le bicarbonate. Mélangez.

❷ Montez les blancs en neige et incorporez-les délicatement à la pâte.

❸ Beurrez 4 cercles hauts de 10 cm de diamètre environ, posez-les dans une poêle graissée et faites chauffer à feu doux. Versez la pâte dans les cercles à mi-hauteur, couvrez et faites cuire 12 à 15 minutes environ à feu doux. Retournez les cercles et poursuivez la cuisson quelques minutes pour dorer l'autre côté.

❹ Laissez refroidir un peu avant de décoller le pourtour avec la pointe d'un couteau et démoulez. Servez avec du sirop d'érable, du beurre salé fondu, du miel ou de la confiture.

Raisin et sentiments

L'Aveyron, la belle ivresse !

TEXTE PIERRICK JÉGU PHOTOGRAPHIES ÉRIC FÉNOT

Et si c'était là que ça se passait… Et si le « un-deux » était l'un des vignobles-révélation de ces derniers millésimes et des prochains ? Vu la qualité des vins d'une grosse poignée de vignerons, la réponse est oui !

UN REPORTAGE sur le vin dans l'Aveyron ! Et pourquoi pas ? Car, oui, ce pays-là entretient une très ancienne connivence avec la vigne et abrite quatre AOP – estaing, entraygues-le-fel, marcillac et côtes-de-millau – et une IGP Aveyron. En scrutant la carte des vignobles de l'Hexagone, il faut bien admettre que son territoire viticole fait figure de confetti comparé aux mastodontes bordelais, bourguignon ou languedocien.
Ce n'est pas une raison pour le toiser, passer sans le voir, rechigner à sortir des autoroutes du vin pour emprunter les chemins buissonniers et tortueux qui mènent à ses domaines. Encore plus aujourd'hui qu'hier parce que l'Aveyron commence à sortir ses terroirs de leur anonymat et révèle depuis plusieurs millésimes des vignerons et vigneronnes de première ! Ne vous attendez pas à de vastes étendues plantées de vigne à perte de vue. Ici, elle s'accroche où elle peut, à des coteaux d'un dénivelé parfois si sévère que les hommes ont construit des terrasses pour tromper la pente. Le terroir est rude, singulier, marqué. Le vignoble y gagne une forte identité nourrie aussi par l'originalité de ses plantations composées de quelques cépages bien connus comme le chenin, le gamay ou le cabernet franc, et d'autres plus confidentiels comme le fer servadou, la négrette bagnard ou le rousselou.

Retrouvez notre carnet d'adresses page 192.

Domaine Le Verdus

PAGE DE GAUCHE

Philippe Rousseau est varois, mais a épousé le pays de sa compagne, Aline Solignac. Monsieur est vigneron. Madame cultive des asperges.

UN DESTIN TOUT TRACÉ ? Pas vraiment ! Philippe Rousseau est varois et, dans une autre vie pas si lointaine, travaillait dans l'événementiel… De là à devenir vigneron, il y avait un gouffre, quelques centaines de kilomètres à parcourir, une reconversion à imaginer et plein de choses à apprendre. Pourquoi l'Aveyron ? Parce que Le Verdus, hameau de solides bâtisses traditionnelles perché sur les hauteurs de Saint-Cyprien, est le fief de sa compagne, Aline Solignac. Elle y cultive des asperges et son père possède un troupeau de vaches. C'est donc là et pas ailleurs que Philippe s'est construit sa vocation de vigneron, après avoir notamment fait quelques-unes de ses classes chez Nicolas Carmarans, à une petite heure de route. On pourrait imaginer ce bonhomme ultra-sympathique déraciné et encombré du syndrome « cheveu sur la soupe ». Au contraire, Philippe a épousé l'Aveyron et le terroir de l'appellation marcillac avec beaucoup d'envie et de générosité, content que les anciens du pays apprécient ses vins. Son terrain de jeu ? Quatre hectares de vigne dont un petit de l'autre côté du village, sur un coteau accidenté, avec des ceps tortueux de 30 à 40 ans de cépages mansois – l'autre nom du fer servadou – et valdiguié entre autres. Depuis 2015, il a investi 3 hectares de la pente raide d'un coteau du Verdus pour y planter du mansois, du chenin et du rousselou, raisin typiquement aveyronnais, sur un terroir de grès sur schistes et de grès blanc. Tout est enherbé, semé aussi de seigle ou de féverole. « J'aime être dans les vignes, j'aime les travailler », explique-t-il. Et elles le lui rendent bien, avec une belle matière première qu'il vinifie pour l'instant dans une cave de poche équipée de quelques cuves. Et le vigneron de continuer d'affiner sa réflexion, à propos de la culture de la vigne ou des « vinifs ». Très prometteur car ses vins dûment certifiés bio sont déjà très bons, d'une grande authenticité, en rouge comme en blanc ✻

CI-CONTRE

Dans sa cave de poche, Philippe Rousseau fait pour l'instant avec quelques cuves et les moyens du bord… Et il fait très bon !

PAGE DE GAUCHE

Mansois, rousselou et chenin, les plantations de Philippe Rousseau dans la parcelle en surplomb du hameau du Verdus, sur l'aire d'appellation Marcillac.

LA DÉGUSTATION

MARCILLAC, CUVÉE LA MITAT 2020

Ce 100 % mansois sur schistes ne s'exprime ni en puissance ni en esbroufe. Déjà adulte alors qu'encore tout jeune, sa dimension charnue et sa bouche très juteuse régalent ses aficionados. Le signe ? Le deuxième verre est assez vite servi !

(11 € environ)

MARCILLAC, CUVÉE ROUSSELOU 2020

Quand les vins marient maturité et fraîcheur, l'équilibre n'est pas loin. Démonstration ici avec ce blanc, issu du cépage rousselou, qui file droit au goût. Grande franchise d'expression. On imagine avec envie ce que ça donnera quand les vignes auront pris un peu de bouteille.

(15 € environ)

Domaine Nicolas Carmarans

PAGE DE GAUCHE

Nicolas Carmarans, entouré (À GAUCHE) *de Damien Delétang (vigneron) et de* (À DROITE) *Sébastien Jacquin (maraîcher), deux de ses « lieutenants » pendant les vendanges.*

« JE N'AI JAMAIS FAIT de vins aussi bons que depuis que je suis avec elle », affirme Nicolas Carmarans. Elle, c'est Biba, sa femme, qui l'accompagne, le soutient, le pousse, même lorsqu'elle est contrainte de rester à Paris. Nicolas Carmarans n'a pas du tout le profil de certains vignerons qui, pour évoquer leurs vins, brandissent une fiche technique comme un bouclier ou une brochure promotionnelle. Âmes sensibles ne pas s'abstenir, car cet homme-là, intelligent, nuancé et humain, n'en est point dépourvu… de sensibilité. Aux commandes et au comptoir du *Café de la Nouvelle Mairie*, dans le 5e arrondissement de Paris, il n'en était déjà pas avare pour être l'un des pionniers à dégainer des canons nature en escorte d'une cuisine ardoisière. Et puis, à force de les goûter, il a eu envie d'en faire… La glissade s'est opérée en quelques années, au rythme d'allers-retours réguliers entre la capitale et Campouriez, sa capitale à lui, dans le nord de l'Aveyron, à l'ouest de l'Aubrac. De ce bout de village perché non loin d'Entraygues-sur-Truyère, il faut obéir aux petits lacets d'une route forestière pour arriver jusqu'au lieu-dit Izagues. Son repaire : une maison de pierres, une parcelle de chenin et fer servadou sur un coteau en pente douce – une ancienne pâture qui n'a jamais connu la chimie – qui finit par s'évanouir dans les eaux des gorges de la Truyère. Sous la maison, des caves. Dans les dépendances, des caves, de vinification ou d'élevage pour ses différents vins. Des cuvées issues de la parcelle argilo-limoneuse voisine de sa bâtisse et ceux d'un autre terroir situé à 480 mètres d'altitude, à proximité du village. Là-haut, les vignes sont plantées en terrasse sur des sols d'arènes granitiques bien drainants. Par météo capricieuse, c'est le seul secteur où les vignerons peuvent aller travailler d'où son drôle de nom inscrit au cadastre depuis des lustres, « Mauvais temps ». Nicolas Carmarans n'est pas devenu vigneron sur un coup de tête. Et il fait bien de le rester ! Sans les cuvées Selves, blanc issu de chenin, Minimus, rosé, Maximus, Fer de Sang ou Mauvais Temps, les amateurs de vins nature et les âmes sensibles seraient tristes et orphelins. Et le vignoble aveyronnais peut-être pas tout à fait ce qu'il est aujourd'hui, car il a aiguillé pas mal de jeunes vignerons comme Philippe Rousseau ou Pauline Broqua et continue d'en « parrainer » d'autres *

Nicolas Carmarans dans ses vignes situées tout près du village de Campouriez. La pente est raide, les vignes en terrasses et la roche mère (CI-DESSOUS) *jamais bien loin.*

LA DÉGUSTATION

IGP AVEYRON, CUVÉE SELVES 2020

L'endroit a de la gueule et le vin du tempérament. Les ceps de chenin bien accrochés au terroir très pentu appelé « Mauvais temps » puisent vigueur, finesse et minéralité des beaux sols d'arènes granitiques. De l'énergie et de l'élégance.

(25 € environ)

IGP AVEYRON, CUVÉE MAXIMUS 2020

Cépage emblématique des rouges de l'Aveyron, le fer servadou possède cette sincérité terrienne et paysanne. Ici, Nicolas Carmarans l'imagine tout en gourmandise, l'épouse plus que ne le bouscule. Résultat : on a vraiment l'impression de se faire du bien – et on s'en fait ! – en copinant avec ce vin fluide, équilibré, comme une évidence.

(19 € environ)

CI-CONTRE

Dans l'une des caves du domaine, alignement des barriques avec précision.

Domaine Les Buis

PAGE DE GAUCHE

Pauline Broqua, en marinière. Quoi de plus logique puisqu'elle a baptisé une de ses cuvées « Marin d'eau douce ».

COMME CERTAINS ENFANTS d'agriculteurs – ses parents étaient éleveurs dans le Lot –, Pauline Broqua ne voulait pas entendre parler d'agriculture. Passionnée par le vin, elle a été sommelière pendant douze ans, notamment au *Temps des Vendanges*, à Toulouse. Et puis, comme ces enfants d'agriculteurs qui ne voulaient pas entendre parler de la terre, elle y est finalement revenue. Non pour reprendre l'exploitation familiale, mais pour se rapprocher de la vigne. Un « p'tit » BTS en poche, elle a baladé son envie d'apprendre dans des domaines complices, chez Yoyo, à Banyuls – « elle m'a vachement motivée ! », dit Pauline – ou chez Nicolas Carmarans, pendant deux ans, qui lui avait passé une première parcelle en 2017. Du côté d'Entraygues-sur-Truyère, un type partait à la retraite. L'occasion a fait la vigneronne et Pauline s'est posée là, dans sa maison rustique avec vue sur un paysage aux rondeurs affirmées, parcourues de vignes en terrasse ou certaines plantées dans le sens de la pente. Du chenin pour les blancs, du cabernet franc ou du fer servadou pour les rouges, et d'autres cépages sur une parcelle complantée... Dès ses premières vinifs, les « experts » ès vins nature ont compris tout le potentiel de la vigneronne et de son terroir. Les jus initiaux ne seraient donc pas qu'un heureux accident, mais un merveilleux présage pour la suite. Promesse tenue d'une jeune femme qui en connaît un rayon sur l'histoire viticole et la culture paysanne de ce pays devenu le sien, et qu'elle n'aime pas trop quitter, ne serait-ce que pour aller livrer quelques cartons à Toulouse ! Et ce n'est donc pas uniquement pour les jolis noms de cuvées ou l'élégance des étiquettes que les cavistes, bistrotiers et sommeliers viennent toquer à la porte. Car attention, la dégustation sur fûts des 2020 confirme la fluidité et la gourmandise du rouge Marin d'eau douce, la définition du 100 % chenin baptisé Les Brumes ou le côté aérien de De toute façon le vent souffle, assemblage de fer servadou, négret de banhars et cabernet franc enracinés sur des arènes granitiques. Pour Sapé comme gamay – le nom est une trouvaille de soirée de vendanges, référence à Maître Gims, loin d'être son chanteur de chevet –, il faudra attendre la mise en bouteilles en 2022, mais nul doute que son éclat sera toujours présent ✻

LA DÉGUSTATION

VIN DE FRANCE, CUVÉE LES BRUMES 2020

Le chenin ne se plaît pas que dans la Loire. Pauline Broqua le prouve avec ce vin qui possède une expression aromatique fine, une bouche précise et ciselée, une énergie communicative. On se régale !

(16 € environ)

VIN DE FRANCE, CUVÉE MARIN D'EAU DOUCE 2020

Le dénominateur commun des vins de Pauline Broqua ? Leur dimension aérienne dont se nourrit par exemple ce Marin d'eau douce. Un jaja de soif et de plaisir ? De toute évidence, mais bien plus que ça encore, un vin net, fin, revigorant.

(14 € environ)

DOUBLE PAGE

Plutôt viticultrice ou vinificatrice ? Les deux… Pauline Broqua est partout ! Rien ne lui échappe, ni dans ses vignes ni dans sa cave.

COCOTTES, POPOTES ET POTINS

Les bonnes nouvelles de l'automne

TEXTE
PHILIPPE TOINARD

À encourager

Le drive des campagnes

CE N'EST ENCORE que très localisé (Tarn-et-Garonne et Lot-et-Garonne), mais l'émergence des circuits courts et de la vente directe se confirme grâce à des agriculteurs qui ont compris, crise sanitaire oblige, que les consommateurs étaient de plus en plus nombreux à vouloir s'approvisionner chez eux.
Un exemple parmi tant d'autres, Drive des campagnes a été fondé en 2020 par Hervé et Sabine Maury, agriculteurs, pour, dans un premier temps, vendre les produits issus de leur exploitation dans le Tarn-et-Garonne. L'offre s'est ensuite étoffée avec des produits des fermes voisines puis nationales et est divisée en six catégories, viandes, fruits et légumes, produits laitiers et œufs, épicerie sucrée, épicerie salée et boissons. Pas de livraison pour le moment, mais des points de retrait dont le nombre croît au fil des mois.
https://drivedescampagnes.fr

© Éric Fenot

À savoir

Une IGP pour la cerise

LA SAISON DES CERISES est derrière nous, mais cela ne doit pas nous empêcher de saluer l'indication géographique protégée (IGP) obtenue en 2021 par la cerise des coteaux du Ventoux, une première pour ce fruit. Dans ce bassin de production du Vaucluse autour du mont Ventoux, cette culture sur 157 hectares est traditionnelle et séculaire depuis le XVIIe siècle même si, à l'époque, cela restait dans le cercle familial. D'un calibre conséquent (24 millimètres), la cerise des coteaux du Ventoux affichera l'année prochaine le logo IGP pendant toute la saison de production qui s'étale de mai à mi-juillet, pour le plus grand bonheur des 44 producteurs. À noter également que quelques mois avant la cerise, le haricot de Castelnaudary a lui aussi été reconnu en IGP. L'abnégation des 16 producteurs (155 tonnes par an) à défendre le dossier n'aura pas été vaine, mais l'attente fut longue.

À saluer

1 fût commandé, 1 arbre planté

DEPUIS DEUX ANS, la tonnellerie Rousseau, basée en Côte-d'Or, participe au financement de la plantation d'arbres. En 2019, c'est dans la forêt de la Ferté-Vidame en Eure-et-Loir qu'a débuté cet engagement renouvelé l'année suivante à Broindon, en Côte-d'Or. Pour 2021, la tonnellerie a jeté son dévolu sur la forêt des Bertranges, dans la Nièvre. Principalement peuplées de chênes pédonculés, les parcelles à reboiser le seront autour de nouvelles essences comme le tilleul à petites feuilles, le merisier, le noisetier de Byzance, mais aussi le chêne pubescent. Des essences qui favorisent l'accueil de la biodiversité. Pour sensibiliser ses clients partenaires, avec l'aide de Reforest'action et de l'Office national des forêts, la tonnellerie Rousseau leur a proposé d'acheter un fût « Bertranges » et pour chaque fût commandé, un arbre sera planté. Une action à saluer en souhaitant que l'objectif de 250 parrains soit rapidement atteint.

www.tonnellerie-rousseau.com

À lire

Flâner dans les vignes

VOUS CONNAISSEZ Slow Food, mouvement engagé qui promeut un système alimentaire vertueux. Voici venu le temps du slow tourisme encouragé par Audrey Baylac et Willy Kiezer, auteurs désireux de nous faire partager leur vision éco-consciente du tourisme. Cela commence par l'œnotourisme dans des vignes certifiées en agriculture biologique. Après des chapitres sur la vigne, les sulfites ou la biodynamie, nous suivons les auteurs dans différentes propriétés dont le Domaine de Gressac, dans le Gard, qui propose un hébergement en gîtes et des activités dites douces. Pour chaque domaine, outre la présentation du lieu et de ses atouts, on raconte le vignoble et les cuvées dont un coup de cœur, ici pour le Domaine de Gressac, le rosé. Après le Gard et la Drôme provençale, on glisse vers « les horizons escarpés » notamment à Jurançon et Irouléguy avant de filer dans le Jura et en Savoie puis vers « une brise marine » à travers les fiefs-vendéens ou les vins des Corbières maritimes. Un ouvrage complet, avec énormément d'informatiques pratiques.

Éditions Plume de Carotte — 21 euros.

À connaître

Adopter une chèvre ou un amandier

CONNAISSEZ-VOUS le *crowdfarming* ? L'idée de départ est venue d'une poignée d'agriculteurs, il y a quelques années, qui ont compris que, pour mieux gagner leur vie, il était intéressant de se lancer dans la vente directe, sans passer par des intermédiaires ou une centrale d'achats. Pour résumer, c'est l'agriculteur qui se référence sur le site et vous envoie directement le produit commandé. Deux modes de fonctionnement ont été mis en place : la commande en direct d'une caisse de citrons, de grenades, de camemberts… (avec une date de livraison qui varie en fonction de la saisonnalité et que vous pouvez commander très en amont) et l'adoption. C'est cette formule-là qui nous enchante. Prenons le cas de Pierre Leroy, producteur de courges bio à Oizé, dans la Sarthe, qui propose d'adopter un champ de courges pour 26,06 euros. Vous payez, il plante et il vous envoie le fruit de sa récolte soit dans sa totalité soit en fonction de vos besoins. Ça représente quelques kilos, mais l'idée est d'en parler à des voisins et des amis, de financer à plusieurs et de se partager les courges. Selon le même mode opératoire, vous pouvez adopter une vache et recevoir des fromages, un noyer, un pied de vigne, du riz de Camargue, une chèvre, un olivier et même une ruche.

www.crowdfarming.com

Sommaire des recettes

Hip's ! Pour quelques soifards

Sablés aux noisettes et au chocolat au lait

Velouté de châtaignes au lard croustillant

Galettes nuageuses à la truite

Anchois confits au four à se lécher les doigts

Chou vert en soupe

PETITS PLAISIRS

ENTRÉES

Blanquette de poulet aux morilles

Curry de poireaux, cajou, coco et lieu noir

Chevreuil grand veneur

Mijoté de veau au citron confit

Tarte aux poires et crème de châtaignes

Fondant au citron

Tartelette aux pommes reinette et gwell

Gâteau de semoule au muscat

PLATS

DESSERTS

Carnet d'adresses

p. 6

Toya. Avenue Jean Monnet
57380 Faulquemont. Tél. : 03 87 89 34 22
www.toya-restaurant.fr

p. 42

Coopérative du haricot de Soissons
Ferme de Vauxrains
02320 Vaudesson. Tél. : 03 23 53 96 65
www.haricotdesoissons.com

p. 56

L'Avant-Poste. 7, rue de la Fidélité
75010 Paris. Tél. : 09 81 41 01 07
www.lavantposteparis.fr

p. 96

Isabelle et Cyriaque Godefroy
11, place des Marronniers
08220 Renneville.
Tél. : 03 24 38 60 02
www.ladinderouge.com

p. 106

Dossier **La viande sur le billot**

p. 114 Le grand entretien

www.meat-revolution.com
Cheville, bouchers & culottés. 58 rue de Paris.
78100 Saint-Germain-en-Laye.

p. 140 Des éleveurs respectueux

Jean-Marie Oçafrain
GAEC Lekaio - 64430 Banca.
Tél. : 05 59 37 43 51

Pierre Duplantier
Route Départementale 944
64410 Méracq.
Tél. : 06 84 59 16 29

Galdric Sola
Route de Marquixanes
66500 Eus.
Tél. : 06 23 49 89 65

Roland Moitrel
292, chemin de la Sablière
80230 Saint-Valéry-sur-Somme.
Tél. : 06 81 21 75 69

Isabelle Leydier Delavallade
Maison La Garenne. 45, Chez le Meunier
16110 Marcillac-le-Franc.
Tél. : 05 45 63 58 07

p. 172

Raisin et sentiments

Domaine Le Verdus
Le Verdus - 12320 Saint-Cyprien-sur-Dourdou.
Tél. : 06 83 36 05 17

Domaine Nicolas Carmarans
Izagues, 12460 Montézic.
Tél. : 06 71 48 58 77

Domaine Les Buis
Les Buis, 12140 Entraygues-sur-Truyère.
Tél. : 06 81 59 39 53

S'abonner

Quelle bonne idée ! Ne rien rater un an durant, c'est tentant...

Quatre fois par an, la revue 180°C vous propose des recettes
du quotidien et de saison, des reportages
sur des artisans, des producteurs et des chefs sincères,
engagés et passionnés.

ABONNEZ-VOUS EN LIGNE SUR WWW.180C.FR
ET COMMANDEZ LES PRÉCÉDENTS NUMÉROS POUR COMPLÉTER VOTRE COLLECTION.

www.180c.fr · 180C.LaRevue · @180C_LaRevue · @180c_larevue